Über deutsche Runen

von
Wilhelm Carl Grimm

mit
elf Kupfertafeln

AF557003

Weitere Bücher aus dem Bohmeier Verlag:

Egyptian Magic - Ägyptische Magie, von E. A. Wallis Budge, 978-3-89094-380-0

Die Edda - Die Götter- und Heldenlieder der Germanen nach der Handschrift des Brynjolfur Sveinsson von Karl Simrock, 978-3-89094-565-1

Die Wurzeln der Sage vom Heiligen Gral, von Leopold von Schroeder, 978-3-89094-444-9

Wunderglaube im Heidentum und in der alten Kirche, von Theodor Trede, 978-3-89094-568-2

Indogermanische Mythologie, von Prof. Dr. Ernst Siecke, 978-3-89094-472-2

Die Geheimwissenschaften Asiens - Die Magie und Wahrsagekunst der Chaldäer, von François Lenormant, 978-3-89094-546-0

© **2. Auflage, Copyright 2013 by Bohmeier Verlag, D-04357 Leipzig, Oelssnerstr. 2, Germany, Tel.: +49 (0) 341-6812811 - Fax: +49 (0) 341-6811837. Immer erreichbar über unsere Internet-Homepage: www.magick-pur.de**

Wilhelm Carl Grimm (* 24.02.1786 in Hanau; † 16.12.1859 in Berlin) war ein berühmter deutscher Sprach- und Literaturwissenschaftler sowie Märchen- und Sagensammler. Sein Lebenslauf und Werk waren eng mit dem seines älteren Bruders Jacob Grimm verbunden. Beide zusammen sind bekannt geworden als „Brüder Grimm". Das Buch erschien ursprünglich unter dem Titel „Über deutsche Runen von Wilhelm Carl Grimm, (Göttingen, in der Dieterichschen Buchhandlung 1821)". Wir konnten trotz ausführlicher Recherche keinen Rechteinhaber ausmachen. Sollte es dennoch Rechteinhaber geben, bitten wir um Nachricht.

© **Coverbild und Covergesamtkonzeption von JAD.**
Gesamtherstellung: Bohmeier Verlag, Printed in Germany

Alle Rechte vorbehalten. Kein Teil des Buches darf ohne schriftliche Genehmigung des Verlages fotokopiert oder in irgendeiner anderen Form reproduziert oder in eine von Maschinen verwendbare Sprache übertragen oder übersetzt werden. Ausgenommen sind die in §§ 53, 54 UrhG ausdrücklich genannten Sonderfälle, wenn sie mit dem Verlag vorher vereinbart wurden. Im Einzelfall bleibt für die Nutzung fremden geistigen Eigentums die Forderung einer Gebühr vorbehalten. Das gilt für die Fotokopie ebenso wie für die Vervielfältigung durch alle anderen Verfahren einschließlich Speicherung und jede Übertragung auf Papier, Transparente, Matrizen, Filme, Bänder, Platten, Festplatten, CDs und sonstige Medien, sowohl in analoger wie digitaler Form (z.B. E-Books).

ISBN 978-3-89094-608-5

Inhaltsverzeichnis

Anmerkung des Verlages zu dieser Ausgabe

Alle enthaltenen Fußnoten waren schon im Original vorhanden. Einzelne Anmerkungen des Verlages werden durch Klammern [...] angezeigt.

Die Schreibweise der Erstausgabe wurde beim Neusatz geglättet. Korrekturen auf inhaltliche Fehler wurden vorgenommen, jedoch ohne den Charakter der Erstausgabe zu verfälschen oder den Text inhaltlich zu ändern. Wir haben uns inhaltlich und im Layout streng an dem Original orientiert.

Die altgriechischen Texte (im Original in 3 pt Schrift gesetzt) waren bei diesem Buch nur sehr schwer zu entziffern. Ein Beispiel dafür finden Sie auf Seite 110. Die einzelnen Buchstaben sind so verschwommen, dass man sie nur sehr schwer erkennen kann. Bei einigen Stellen mussten wir regelrecht raten. Wir haben das Griechisch nach bestem Wissen eingefügt, können natürlich aber Fehler, aufgrund der schlechten Vorlagen, nicht ausschließen.

1. Vorbemerkungen

Die Entstehung der Buchstabenschrift liegt, wie weit auch die Untersuchungen bereits sind geführt worden, noch immer im Dunkeln. Eine Darstellung der Sprachlaute durch Zeichen ist auch an sich so bewunderungswürdig, in ihrer Wirkung so unberechenbar, dass es uns nicht auffallen kann, wenn Völker, die zum ersten Mal die Schrift kennen lernten, wie die Amerikaner, darin eine Zauberei erblickten, oder andere, welche Natur und Wesen derselben beachteten, wie, nach Georgi, die Tibetaner, glaubten, die Buchstaben seien gleich Sonnenstrahlen aus der göttlichen Substanz geflossen.

Scharfsinnige und gelehrte Männer, wie vornehmlich Zoega und Hug, haben die Vermutung aufgestellt, dass das Alphabet, dessen Erfindung den Ägyptern mit Recht zugeschrieben werde, aus den Hieroglyphen sich allmählich entwickelt.[1] Es wird angenommen, dieser Weg sei langsam zurückgelegt und der menschliche Geist nur von einer Stufe zur anderen dabei fortgeschritten. Wie man Gedanken in Worte, Worte in Silben, diese in Laute nach und nach abgesondert, so habe man in gleicher Folge statt der Gedanken Worte, dann statt der Worte Silben, endlich bloße Buchstaben gemalt. Diese Ansicht hat auf den ersten Blick etwas natürliches und einladendes, doch muss man zugeben, dass der schwierige Punkt, auf den es eigentlich ankommt, wie nämlich das Bild eines Dinges oder Zeichen eines Begriffs in das Zeichen eines Lautes übergegangen sei, mehr versteckt als aufgeklärt werde. Man ist zufrieden, wenn man für einzelne Fälle die Möglichkeit des Übergangs nachweisen kann und dazu sind die phonetischen Hieroglyphen, eine besondere, aber gerade die jüngste Art, mit der uns Horapollo bekannt macht, behilflich. Indem sie nämlich auf den ähnlichen Klang im Namen zweier verschiedenen Begriffe achteten, nahmen sie das Bild des einen etwa des sinnlichen, um den anderen, übersinnlichen, damit zu bezeichnen. Das gewöhnliche Beispiel ist der Habicht, welcher, da der Laut seines Namens zugleich auch die Seele bezeichnete, nun als Hieroglyphe die Seele bedeutete. Lässt man dieser Bezeichnungen eine Anzahl auffinden und sich in den Hieroglyphen anhäufen und dann einen Einzelnen aufstehen, der sie herauszieht und ablöst als eine eigene Schrift, auch die unbequeme Masse ordnet und in Silben zerteilt; hernach einen zweiten, der daraus die einzelnen Buchstaben durch Scheidung gewinnt und endlich einen dritten, der zur Erkenntnis der einfachen Grundlaute der Sprache gelangt; so nimmt man in der Hauptsache dennoch gewaltsame Sprünge an,

---

[1] Eine schätzbare Zusammenstellung und Beurteilung der verschiedenen bisher geäußerten Meinungen über diesen Gegenstand hat *Weleker* geliefert in *Zoegas* Leben, T. II, wo er von dem Werk über die Obelisken handelt.

wenn man sie auch unter verschiedene verteilt oder durch lange Zwischenräume trennt. Die andere Meinung, nach welcher es dem bloßen Nachdenken und Tiefsinn des Einzelnen gleich gelungen wäre, das Alphabet zu erfinden, fasst dasselbe nur auf einmal. Es mögen nun, wie Hug glaubt, die Hieroglyphen Veranlassung zu diesem Nachsinnen gegeben und daher Einfluss auf die Gestalt und Namen der Buchstaben gehabt haben, oder die Erfindung ganz unabhängig gemacht sein. Diese Ansicht hat mit einer dritten, dass ein Mensch von göttlichem Geist angehaucht, wie jener Theut des Plato, gleich vollkommene Einsicht in die Sache gehabt, doch den Vorzug gemein, dass sie aus einem lebendigen Anfang oder Mittelpunkt die Buchstabenschrift hervorgehen lässt, während nach der zuerst angedeuteten Zoegas, der menschliche Geist auf äußerlichem Weg und nur durch glückliche Zufälle darauf geführt wäre.

Die Geschichte zeigt uns sehr verschiedenartige Zustände. Um nur einiges zu berühren, so bestand in dem alten Ägypten, wie schon Herodot sagt,[2] beides nebeneinander, eine geheime, heilig genannte Hieroglyphenschrift und eine Buchstabenschrift und zwar nach Zoega in doppelter Form, indem es ein gemeines, dürftigeres Alphabet und ein priesterliches gab, welches dieselben Zeichen hatte, aber zierlicher und mit Akzenten und Zügen ausgestattet war. Die Griechen dagegen hatten zuerst ein engeres, das aber späterhin erweitert wurde. Bei der Entdeckung von Amerika war nach Humboldt[3] der Gebrauch der Bilderschrift in Mexiko so ausgebreitet, dass tausende mit der Verfertigung derselben sich beschäftigten, allein es fand sich hier so wenig, als bei anderen amerikanischen Völkern eine Spur von Kenntnis der Buchstaben. Gleichwohl war der Zustand dort in keiner Weise roh zu nennen, im Gegenteil, es hatten bereits nicht mehr bloße Sitten, sondern ausgesprochene Gesetze alle Verhältnisse, selbst die geringfügigsten des Privatlebens, fest bestimmt. Bei den Chinesen, wo, auf ähnliche Art, eine erstarrte Verfeinerung das Leben niederdrückt, hat die Idee der Buchstaben keinen Eingang gefunden und ihre Schrift enthält noch jetzt bloße Begriffszeichen; sie scheint dort die Natur weiter fortgebildeter Hieroglyphen zu haben, wiewohl es bei der Entstellung ihrer Chiffren unmöglich sein wird zu entscheiden, ob diese aus bildlichen oder bloß willkürlichen Zeichen entstanden sind.

Durch die Ausbildung der Sprache scheint mir, gegen die gewöhnliche Meinung, die Buchstabenschrift nicht notwendig herbeigeführt, noch auch, umgekehrt, jene von dieser abhängig zu sein. Die Sprache könnte sogar in allen

---

[2] Vergl. über die Stelle *Creuzer* in den commentatt. herodot. I. § 27. p. 375 sq. *Zoega* de obeliscc. p. 423.

[3] Monumens de l'Amérique pl. XIII.

Richtungen auf das Feinste gegliedert bestehen, ohne dass sie zugleich geschrieben würde, gerade wie grammatische Untersuchungen sie nicht aufbauen. Gleichwohl ist es nicht wahrscheinlich, dass ein Volk mit einer edlen und reichen Sprache begabt, ganz ohne Kenntnis der Buchstaben sollte geblieben sein. Zu Ulfilas Zeit war die Schrift unter den Goten gewiss nicht allgemein verbreitet, und doch stand ihre Sprache in Hinsicht auf Reichtum der Formen, überhaupt der inneren Ausbildung nach, in lebendiger Blüte. Hierdurch wird aber auf der anderen Seite nicht jeder Einfluss der einmal vorhandenen Schrift auf die Sprache abgeleugnet.

So viel ist gewiss, in den frühesten Zeiten war schon die Buchstabenschrift bekannt und die ältesten Urkunden reden davon. Zoega glaubt, dass sie bereits vor Moses unter den Pharaonen da gewesen, auch Hug schreibt ihr ein Kadmeisches Alter zu. In Indien hat man Inschriften auf Denkmälern entdeckt, deren Erbauung über alle Perioden der indischen Geschichte hinausgeht. Sie scheint auch anfänglich etwas Geheimes und heilig Gehaltenes gewesen zu sein, dessen Gebrauch nur einer mit besonderen Vorzügen ausgestatteten Kaste erlaubt war. Erst nach und nach mag sie sich ausgebreitet haben, in dem Grad, in welchem wachsende Bildung die Unterschiede der Kasten geringer machte. Wo, wie in Indien, die Scheidewände unübersteiglich sind, wird sie immer bloß in den Händen der Höheren bleiben; in dem alten Ägypten erklärt sich daher gar wohl das Nebeneinanderbestehen verschiedener Schriftarten.

Da aber Zusammenhang und Fortpflanzung im Geistigen so nötig ist als im Leiblichen, so dürfte man schon voraussetzen, wenn es nicht besondere Sagen ausdrücklich bestätigten, dass die Buchstabenschrift den Völkern, gleich dem Mythos, durch Überlieferung zugekommen wäre. Das wichtigste Beispiel ist uns hier jene unleugbare Verwandtschaft der phönizischen, altgriechischen, etrurischen, celtiberischen, römischen, gotischen und runischen Buchstaben, die bei einer leichten Vergleichung in die Augen fällt und zu der Annahme eines früheren, allen diesen zugrunde liegenden Alphabets nötigt. Wenn im Runacapitule gesagt wird, dass Odin selbst Urheber der Runen gewesen,[4] so kann gar wohl Wahrheit darin liegen; nur darf man sich die Verschiedenheit des Runenalphabets von jenen anderen nicht als eine vorsätzlich eingeführte denken, vielmehr ist sie natürlich und von selbst entstanden. Überhaupt muss man sich niemals die Vorstellung von einem rohen Abborgen und Herüberholen machen.

Man kann drei Perioden in der Ausbildung des Alphabets unterscheiden. Zuerst liefert es nur die nötigsten Zeichen, gebraucht auch für verschiedene Laute ein und dasselbe, zumal bei Vokalen. In der folgenden Zeit wird es

---

[4] „Nam ek up rúnar“ sagt er selbst von sich.

erweitert und dem hauptsächlichsten Mangel abgeholfen. Die Sage weiß auch wohl denjenigen zu nennen, der die späteren Buchstaben hinzugefügt oder erfunden hat. Wie bei den Griechen Palamedes das alte Kadmeische Alphabet von sechzehn Buchstaben mit vier neuen vermehrte, gerade so behauptet eine, geschichtlich unhaltbare, Sage im Norden, dass den sechzehn alten Runen ein König Waldemar die vier punktierten zugefügt habe. Endlich tritt noch eine Periode ein, wo man das Alphabet wieder zu vereinfachen und auf Grundlaute zurückzuführen bemüht ist.

Das erste, dürftigere, pflegt in die Zeit zu fallen, wo die Sprache, wie ein gesunder Baum, noch wenig abgedorrte Spitzen hat und in allen Zweigen und Ästen frisch grünt, wo daher der Gedanke jene reiche Mannigfaltigkeit der Laute vollständig zu fassen nicht aufkommen kann. Die Buchstaben suchen nur dem Ausdruck derselben sich zu nähern und wollen nur andeuten, weshalb auch noch Silbenzeichen können eingemischt werden. Es ist jene Zurückhaltung und Bescheidenheit, womit in der ersten Zeit der menschliche Geist die nicht zu ergründende Natur anzurühren pflegt. Man kann insofern die Sprache der epischen Poesie damit vergleichen, als diese im Verhältnis zu der wohl gefühlten Macht und Gewalt ihres Gegenstandes und bei aller Eindringlichkeit doch unvollständig, selbst unbeholfen erscheint. Die Enge des alten Runenalphabets von sechzehn Buchstaben zeugt daher gerade für die Originalität desselben, das heißt hier:

Unabhängigkeit von einem vollständigeren System. Merkwürdigerweise fehlt ihm der vermittelnde Vokal *E*, in welchen die germanischen Sprachen verschiedenartige Vokallaute nach und nach auflösten, und er wird gewöhnlich durch *I* oder auch (wie im Tryggevelde-Monument) durch *A* ausgedrückt; *H* wird manchmal (in schwedischen Runensteinen) für *G, GH* gesetzt und steht im snoldelevischen Stein für *A* und *E*.

Das Zeichen für das *R* am Ende eines Wortes, soviel *wie UR*, steht in der Mitte auch für *Y* und scheint auf der gewiss alten Ansicht zu beruhen, wonach man bloß den Konsonant aufschrieb.

Das *U* bezeichnet sonst noch die Vokale *O* und *Y*, die Mittellaute *AE, AU* und *EY*, selbst den Konsonant *V* und *F*. Offenbar sah man in den Vokalen nur einen einzigen Laut, gerade wie bei der Alliteration, dessen verschiedene Zeichen man verwechseln könnte, weil die besondere Mischung, die gemeint wäre, doch bei Kenntnis der Sprache müsste herausgefunden oder sogleich gefühlt werden.

Analog wäre in altgriechischen Inschriften, das *O* für *OY*, so wie in den ältesten Handschriften des Homer *OY*, *Ω* und *O* nur einen Buchstaben hat und das Metrum allein die Verschiedenheit der drei Laute anzeigt.

Kommt es zu dem Gebrauch des vollständigeren Alphabets, so ist durch die bereits in ihrer inneren Beweglichkeit gesunkene, eben durch die Schrift mehr festgestellte Sprache, schon eher ein Gleichgewicht entstanden. Die Zeichen versuchen es über den Laut Meister zu werden; es gelingt in einem gewissen Grad, nicht weil man die Anzahl der Zeichen vergrößert hat, denn dieser Vorteil ist nicht so bedeutend, sondern weil die Laute von ihrer lebendigen Mannigfaltigkeit verloren haben und viele feine Unterschiede vermischt oder ganz aufgegeben sind. In welches Gedränge gerät das vollständigste Alphabet mit allen noch etwa willkürlich zu Hilfe genommenen Zeichen, wenn es eine, durch keine Schrift befestigte, noch in vollem Saft stehende Mundart ausdrücken soll. Wer Hebels allemannische Gedichte, die österreichischen Lieder von Schottky, die Proben schweizerischer Mundarten in Stalders Dialektologie aussprechen will, muss diese Sprachen notwendig aus dem Leben selbst kennen; und so werden wir auch von dieser Seite auf den Satz hingewiesen, dass man nur seine Muttersprache ganz inne haben kann.
Das große griechische Alphabet scheint jenen mittleren Zustand am vollkommensten darzustellen, doch im *H* vermutet man, sind zwei verschiedene Laute zusammengeflossen, und die Aussprache von *Φ* und *X* so wie der Diphthonge liegt im Dunkeln, wahrscheinlich aus keinem anderen Grund, als weil sie schon ursprünglich etwas schwankendes hatten und dasselbe Zeichen verschiedene nur nah verwandte Laute umfasste.
Die dritte Periode tritt ein, wenn die Schrift immer weiter um sich greift und die lebendige Rede verdrängt, auch statt des lauten ein stummes Lesen überhand nimmt. Dann verliert jenes angeborene, feine Gefühl für die Natur der Sprache seine glückliche Sicherheit. Man erkennt nicht mehr den (von dem nichtschreibenden Volk fester gehaltenen) Unterschied ähnlicher Laute und gebraucht für verschiedene ein einziges Zeichen; so hat, wie schon vorhin angemerkt ist, unser E immer weiter um sich gegriffen und andere Vokale in sich aufgenommen. Wenn einmal kann bestimmt werden, welche Dichter im Mittelalter selbst niederschrieben und welche diktierten, denn beides hat statt gefunden, so wird sich wahrscheinlich ein Unterschied in der Sprache erkennen lassen, und zwar wird man diesen nicht bloß eine größere Freiheit in der Behandlung überhaupt, sondern auch ein feineres Gehör für die Verschiedenheit verwandter Laute, das sich vorzüglich in dem Reim offenbart, beilegen müssen. Was in diesem Herabsinken von selbst sich macht, muss man sich gefallen lassen und wird von einer anderen Seite vergütet.

Aber wie endlich Versuche entstehen, die in ihrem inneren Bau gestörte Sprache zu meistern und regelrecht zu machen, oder wenigstens was aus früherer Zeit stehen geblieben, aber nicht sogleich verständlich ist, wegzuschneiden;

so denkt man in ähnlichen grundlosen Betrachtungen daran, Buchstaben, die man überflüssige nennt, gewaltsam wegzuschaffen. Solche Versuche scheitern freilich im Ganzen an dem gesunden Sinn, lassen aber immer nachteilige Spuren zurück. Man könnte geschichtlich zeigen, dass unsere Schrift den Worten nach und nach Buchstaben entzieht, während Menschen, die sich wenig damit abgeben, Ungebildete, Frauen, sie noch reichlicher anwenden, und dem natürlichen Laut näher zu kommen suchen. Achtungswerter würde ein jenen Versuchen entgegengesetztes Bestreben sein, welches die aus geschichtlichen Untersuchungen gewonnene Einsicht in die Sprachlaute anwendete, um danach das Alphabet zu berichtigen und zu vervollständigen. Teilweise wird es gelingen und von gutem Erfolg sein, allein da manches in jener Erkenntnis der Sprachlaute selbst zweifelhaft bleiben muss, ebenso oft unentschieden, wie weit das vollständigere alte noch vorhanden und wo es als ganz verloren und abgestorben zu betrachten ist. So wird es schwer zu einer allgemeinen Vereinigung über das, was noch zulässig ist, kommen und der Versuch nur dienen, die Ansicht des Einzelnen deutlich zu machen. Man gerät auch wohl auf den Abweg, zu vergessen, dass die Buchstaben nur andeuten nicht erschöpfen können; indem man aber alles erfassen und die feinsten Unterscheidungen durch Zeichen festsetzen will, überlädt man das Alphabet und liefert eine für den Leser und Schreiber nur mit Mühe zu handhabende Reihe von Zeichen.

Das Verhältnis der Zeichen zu den Lauten wird noch viel verwickelter, wenn das Alphabet eines nicht verwandten Völkerstammes herübergenommen wird. Man hat dann Zeichen für Laute, die nicht da sind, dagegen fehlen sie für die eigentümlichen. Wie groß mag die Schwierigkeit sein, das lateinische Alphabet bei der mexikanischen Sprache, der es die Spanier überlieferten, anzuwenden. Wir Deutsche haben damit freilich ein verwandtes angenommen und darum weniger als andere Ursache zu klagen, doch fehlte, um nur eins zu bemerken, für den Laut des W ein Zeichen und bekanntlich klagte schon Otfried, wie schwer es falle, ihn auszudrücken. Es liegt aber in dem Gang der menschlichen Bildung, dass wir für den überraschenden Gewinn, den wir aus der Berührung mit anderen Völkern ziehen, etwas von dem eigenen Gut aufgeben müssen. So ist uns das lateinische Alphabet zugleich mit jenem bedeutenden Teil römischer Bildung zugekommen und wir müssen es ertragen, obgleich zu vermuten wäre, dass ein eigentümlich deutsches sich der Sprache angemessener zeigen würde.
Bei diesen verschiedenartigen Zuständen liegt die Frage nahe: wie wir uns die Entstehung der Schrift ohne äußere Einwirkungen am natürlichsten denken? Das sinnlichste aber und darum das natürlichste Mittel, den Gedanken, das

ausgesprochene Wort, festzuhalten und mitzuteilen, ist gewiss ein bloßes Zeichen, es sei nun der Nagel der Römer, die Quippus der Peruvianer, das Kerbholz, wie es noch jetzt der Schrift Unkundige gebrauchen, oder was sonst gewählt wird. Später oder gleichzeitig damit, je nachdem die Naturanalgen größer oder geringer sind, ist eine bildliche Vorstellung, sie mag nun vollständig sein oder nur einen Teil abbilden wollen: kurz, was man kyriologische Schrift, Hieroglyphen nennt. Beides kann auch vereinigt sein, Bild und Zeichen, wie in einigen mexikanischen Darstellungen bei Humboldt, oder das Bild kann in ein bloßes Zeichen ausarten. Das Symbol, das nicht beschreibt, sondern bedeutet, ist nicht damit zu verwechseln: es entspringt aus einer ganz anderen Wurzel und höheren Geisteskraft und ist in seiner Natur bereits trefflich erläutert. In welcher Richtung aber die Zeichen oder kyriologische Schrift immer auch sich entwickeln, es liegt in Beziehung auf die Sprache eine Ansicht zugrunde, wonach das Wort als bloße gegebene Form betrachtet wird, die einmal ihre Bedeutung besitzt. Diese auszudrücken wählt der Verstand etwas, das daran erinnert, indem es die Sache selbst vorzustellen sucht, oder ein bloßes Zeichen (τημεῖον). Es kann dabei natürlich eine große Mannigfaltigkeit stattfinden, sogar eine ganze Ideenreihe durch ein einziges Zeichen ausgedrückt werden; dies ändert indessen nicht die Grundansicht, die ich eine *äußerliche* nenne und der ich eine *innere* entgegenstelle. Diese fühlt die Seele der Sprache, und sieht etwas in sich begründetes und lebendes, von menschlicher Willkür unabhängiges darin; in dem einzelnen Wort erkennt sie das zu einem Ganzen gehörige Glied, nicht bloß eine mit einer Bedeutung ausgestattete, an sich leblose Form. Hier entspringt das Bedürfnis der *eigentlichen Buchstaben*, welche die lebendigen Laute andeuten und das tönende Wort wiederum hervorwachsen und sich bilden lassen.

Ob man nun von einer Erfindung der Buchstaben wie von anderen bekannten, im Lauf der Jahrhunderte gemachten Erfindungen des menschlichen Verstandes, der einen glücklichen darauf hinleitenden Zufall benutzte, reden könne, getraue ich mir nicht zu entscheiden. Widerspricht doch schon Diodor von Sizilien der verbreiteten Meinung von einer ursprünglichen Erfindung bei den Phöniziern und nimmt an, was auch viel angemessener scheint, dass sie nur die Form der Buchstaben verändert hätten. Dass wir sie bereits in den ältesten Zeiten antreffen, dabei sichtbar eine Überlieferung, wie bei allem geistigen Besitz gewaltet hat, die auf ein verlorenes Vorbild und die ursprüngliche Einheit verschiedenartiger Ausstrahlungen hinweist. Ferner die zugrunde liegende Ansicht, die das Lebendige der Sprache anerkennt, zu welcher der Verstand Einzelner so früh schwerlich gedrungen wäre; das alles scheint mir für eine solche Meinung nicht zu sprechen. Vielleicht wird man so wenig einen Gründer des Alphabets als einen Gründer der Grammatik annehmen können. Und wenn wir ferner bemerken, dass die Buchstabenschrift vorzugsweise nur bei Völkern der edleren Stämme einheimisch war, das heißt bei denen, in welchen ein tieferes Bewusstsein des geistigen Lebens ruhte, so darf man wohl vermuten, dass sie wie der Anfang aller höheren Erkenntnis einer Zeit zugehöre, bis zu welcher menschliche Forschungen nicht zurückschreiten können. Besaß man die Idee der Buchstaben, so war für die äußere Gestalt derselben leicht gesorgt; darauf, könnte man wohl glauben, hätten Bilder und Hieroglyphen eingewirkt, allein bei der Entstellung derselben wird die Vermutung äußerst schwankend bleiben.[5]

Die Zeichenschrift dagegen ist eine ganz gewöhnliche Erfindung und zwar eine so leichte, dass sich kaum ein Volk denken lässt, das nicht zu irgendeinem Zweck darauf verfallen wäre. Im Homer[6] kommen, gewiss nach uralter Sitte, Täflein vor, auf die böse Zeichen geritzt sind, dem der sie bringt unverständlich und verderblich. Eine Überlieferung ist dabei nicht nötig, jedes Volk wird auf eine verschiedene Weise nach seinen Bedürfnissen die Zeichen einrichten. Ihr Verständnis kann leicht verloren gehen, während sich die Buchstabenschrift, solange die Kenntnis der Sprache selbst fortdauert, immer wird enträtseln lassen.

Indessen, so bestimmt sich beide Richtungen in ihrem Ursprung trennen, es gibt dennoch Punkte, wo sie äußerlich sich berühren und ineinander überzugehen scheinen. Eine geschichtliche Betrachtung zeigt, dass bei größerer und freierer Entwicklung der Geisteskraft das Organische, gleichsam Pflanzenhafte der Sprache gradweise untergeht, während ihre Mannigfaltigkeit im Stil, ihr Reichtum in dem Ausdruck der kühnsten Gedanken zunimmt. Es erwächst ihr gleichsam ein fester Stamm und es scheint, wenn man so sagen darf, ein erstarktes, hartes Holz nötig, um auf der Spitze die weiche und zarte Blüte hervor zu treiben. Wörter, die das zunächst Liegende begreifen, erstarren am ersten in ihrer Form: wie z. B. in den meisten germanischen Sprachen die Ausdrücke Vater, Mutter, Bruder, Schwester, das nordische *mär* (virgo) schon in den frühesten Denkmälern als unveränderlich sich darstellen und alle Biegungskraft verloren haben; gerade so wachsen auch bei sicherem, ganz frei gewordenen Gebrauch die Buchstaben zu scheinbar willkürlichen Zeichen zusammen. Der Geist möchte den Begriff, dessen er völlig Herr geworden, gern auf das kürzeste ausdrücken und wie die Fessel der Sprachformen so auch das Hemmen-

---

5 Verschiedene Meinungen über das, was durch die Form der Buchstaben bezeichnet werde sind zusammengestellt in *Welckers* Zoega II. 271.

6 Il. VI. 168. 178.

de der genauen Schriftzüge abwerfen. Die Leichtigkeit, das Eilende und Kecke in unserer Kurrentschrift bildet einen sehr sprechenden Gegensatz zu den alten Uncialbuchstaben mit ihrer eckigen und schweren, aber festen und sicheren Gestalt. Sie waren gleichförmig und es ließ sich daraus kein Schluss auf den besonderen Geist und die Eigentümlichkeit des Schreibers machen, wie es in unserer Zeit, wo die Handschrift eines jeden Einzelnen eine Verschiedenheit zeigt, gar wohl möglich ist. Die Schrift eines geistreichen, aber einseitigen Menschen pflegt oft so zu verschwimmen, dass es ein Wunder scheint, wenn wir sie, und gar mit Leichtigkeit, lesen lernen, allein das Organische darin ist uns immer wieder behilflich. Etwas Analoges liegt in der schnellen und akzentlosen Aussprache der höheren Stände im Gegensatz zu der langsamen und singenden des Landmannes und ohne Zweifel auch der früheren Zeit. Wir neigen uns in der Schrift sichtbar zu Abbreviaturen (deren gleichwohl einige schon im Ulfilas vorkommen), die endlich wie ganz willkürlich angenommene Zeichen erscheinen müssen, ohne eine Spur ihres lebendigen Ursprungs zu verraten.[7] Ähnlich ist die Entstellung der an sich immer bedeutenden Eigennamen, die aus völliger Sicherheit bei dem Gebrauch entspringt. Der Mangel an Gefühl von dem Leben der Sprache, so wie die völlige Aufnahme des Begriffs in den Geist führen demnach scheinbar zu demselben Punkt. In einer beseelten Mitte liegt aber das Rechte.

2. Zeit des Tacitus

Das bisher bemerkte musste einer ausführlicheren Untersuchung über die eigentümliche Buchstabenschrift der Deutschen vorangehen. Es lässt sich keine Gewissheit geben, ob diese schon in frühester Zeit und als Tacitus schrieb, bekannt war. *Tacitus* sagt (Germ. 19.), wie es scheint, sehr deutlich: litterarum secreta viri pariter ac feminae ignorant. Ich übergehe die vielen zum Teil seltsamen Erklärungen dieser Stelle, worüber man Nachweisungen in Adelungs ältester Geschichte der Deutschen S. 373–80 findet. Er selbst versteht jene Worte im weitesten Sinn und spricht den Deutschen alle Kunde der Schrift ab, und zwar wegen ihrer Rohheit und des gänzlichen Mangels an Bildung. Gerade dieser Grund ist aber nicht anwendbar, denn ein Volk, bei dem sich Priester, ein Adel, das Ansehen des Familienvaters, historische Lieder, überhaupt feste und reine Sitten finden, lebt in keinem Zustand der Rohheit und Wildheit, wie er dort geschildert wird. Das Volk, und dieses wird, wie es mir

[7] Bekanntlich häufen sie sich erst in den späteren Handschriften und die Schrift ist so gut als die Sprache (einzelne Prachtstücke ausgenommen) in ihrer Form gesunken.

scheint, unter dem Ausdruck: viri pariter ac feminae begriffen, schrieb nicht, so viel ist gewiss; oder die Schrift war nicht unter ihm verbreitet. Wenn man die Stelle im Zusammenhang liest, so ist deutlich, dass Tacitus auch nur gerade soviel, nicht mehr hat sagen wollen. Er beschreibt die Zucht und Ordnung, die in der Ehe geherrscht und sagt, dass das Volk die (ihrer Natur nach) heimliche Schrift (secreta litterarum) nicht gekannt; weil sie nämlich dem Grad seiner Bildung und den reinen offenen Sitten, „die bei ihm mehr galten als anderwärts Gesetze“ unangemessen war. Dass aber Tacitus ganz allgemein rede und auch den Priestern, und in wessen Händen das geistige Eigentum sonst noch lag, die Kenntnis der Buchstabenschrift abspreche, glaube ich nicht. Im Gegenteil bin ich der Meinung, dass sie diese besessen, nicht anders als die Druiden der Gallier, und zwar, dass sie ein eigentümliches Alphabet gehabt. Es wäre schon unbegreiflich, dass die Deutschen bei der frühen und häufigen Berührung mit den Römern ein ohne Zweifel sogleich bemerktes Bildungsmittel sich nicht zugeeignet hätten. So wissen wir auch, dass der chattische Fürst Adgandester dem Senat zu Rom und der dort erzogene Morbod dem Tiberius einen Brief schrieb (Tac. Annal. II. 63. 88.); ohne Zweifel lateinisch, allein es geht doch daraus hervor, dass man die Sache selbst kennen gelernt hatte. Den Einwurf, die deutsche Sprache sei damals zu roh und für die Schrift zu ungebildet gewesen, wird niemand mehr machen, nachdem durch historische Untersuchungen das Gegenteil bewiesen ist. Hierzu kommt ein ausdrückliches Zeugnis des Tacitus (Germ. 3.): quidam opinantur – monumenta et tumulos quosdam, *greacis litteris inscriptos*, in confinio Germaniae Rhaetiaeque adhuc exstare. Es werden hier ganz deutlich Runensteine auf Grabhügeln, wie sie im Norden vorkommen, beschrieben. Tacitus nennt die Buchstaben *griechische*; dies darf nicht befremden, im Gegenteil, es ist so natürlich, dass er kaum einen anderen Ausdruck wählen konnte, da die Übereinstimmung der Runen und gotischen Buchstaben mit den griechischen auf den ersten Anblick zugestanden wird. Ganz entscheidend würde die Stelle sein, wenn man nicht mit Schein einwenden könnte, es wären diese an der südlichen Grenze Deutschlands gesehenen Denkmäler keltische gewesen.

Derselbe Fall und sehr aufklärend für unser Verhältnis ist es, wenn Cäsar (de B. G. IV. 14.) ebenso von den Galliern behauptet, sie hätten sich des *griechischen* Alphabets bedient. Strabo sagt (V. 4.), die Phocäenser in Marseille hätten bei den Galliern eine solche Neigung zu der griechischen Sprache erweckt, dass sie darin Verträge abgefasst. Diese Angabe stellt man mit jener des Cäsar zusammen und schließt nun, durch diese Kolonie sei das griechische Alphabet zu den Galliern gekommen. Aber Strabo redet offenbar nur von einigen benachbarten Galliern, die sich Kenntnis der griechischen Sprache erwarben und ihr den Vorzug gaben; unmöglich kann daraus folgen, dass ohne die Sprache selbst das griechische Alphabet dem ganzen Volk sei mitgeteilt worden. Mir scheint der Gedanke sehr natürlich, Cäsar habe das keltische dafür angesehen. Dieses hat sich nur noch, so viel ich weiß, auf keltiberischen Münzen erhalten,[8] allein die Ähnlichkeit mit dem altgriechischen und runischen ist so groß, dass man sie auch bei genauerer Betrachtung leicht verwechseln könnte. Die griechische Sprache selbst war den Druiden ohnehin ganz fremd, dies geht aus einer anderen Stelle hervor, wonach Cäsar (de B. G. V. 48.) einen Brief gerade deshalb griechisch schrieb, weil er von ihnen nicht sollte verstanden werden. So ist es denn auch mit den angeblich griechischen Buchstaben auf jenen im Lager der Helvetier gefundenen Tafeln (de B. G. I. 29.) zu nehmen.

Wenden wir uns nach dem Norden, dessen Analogie für uns allzeit wichtig ist, so erhalten wir für diesen Zeitraum gleichfalls keine Gewissheit. Die ältesten auf uns gekommenen Runensteine sind nicht über tausend Jahre alt und es ist kein Zweifel, dass bei weitem die meisten aus der Zeit herrühren, wo das Christentum schon im Norden eingeführt war; obgleich sich auch wirklich heidnische, auf welchen nämlich noch der Gott Thor angerufen wird, darunter finden. Nicht höher hinauf gehen auch die gefundenen Runenmünzen.[9] Auf der anderen Seite ist es schon nach der Natur der Sache mit der größten Wahrscheinlichkeit zu vermuten und ausdrückliche Zeugnisse[10] beweisen es, dass der Gebrauch der Runenschrift viel weiter hinauf steige; man kann wohl annehmen, dass er mit der Einwanderung Odins und der Asen angefangen habe. Das Verhältnis ist also dem, welches vorhin bei uns vermutet wurde, vollkommen ähnlich und darf als ein beweisender Umstand gelten. Die hölzernen Brief-Tafeln auf welche man Runen schnitt (litterae ligno insulptae), deren Saxo Grammatikus gedenkt (id quondam celebre chartarum genus. hist. dan. L. III.) und die in den Liedern der alten Edda vorkommen (Atlamal hin grönlensku. Str. 4 u. 35.), haben sich, als leicht zerstörbar, nicht über eine gewisse Zeit hinaus erhalten können. Nicht anders die Fischkiefern, welche, wie man aus der Egils-Saga (S. 566) sieht, auch wohl gebraucht wurden, oder gar Baumrinde, auf welche Odin die Liebesrunen schrieb, die er der Rindur zu-

---

8 Die beste Abbildung davon bei *Mionnet*, description de medailles antiques, der die einzelnen Charaktere noch besonders gesammelt und zusammengestellt hat.

9 Vgl. *Nyerup* Mindesmärker S. 175.

10 *Rimbertus* nämlich erzählt von Anscharius (in dessen vita c. 11.), nachdem er in Schweden das Christentum verkündigt, sei er zum Kaiser Ludwig zurückgekehrt: cum litteris regia manu *more ipsorum deformatis*. Und *Saxo* Gr. in der Vorrede: non ignotum volo. Danorum antiquiores maiorum acta patrii sermonis carminibus vulgata *linguae suae litteris* saxis ac rupibus insculpenda curabant.

warf (Saxo Gr. L. III). Auf Pergamen[11] oder ein anderes dauerndes Material geschriebene Runen gab es nicht, selbst aus späterer Zeit hat man kein echtes Beispiel davon.[12]

3. Gotische Schrift des Ulfilas

Die gotische Schrift des Bischofs Ulfilas in der zweiten Hälfte des 4ten Jahrhunderts gewährt den ersten festen Punkt. Die griechischen Schriftsteller des 5ten und hernach die lateinischen des 6ten und 7ten Jahrhunderts schreiben ihm deutlich die *Erfindung* seines Alphabets zu.[13] Gegen diese Zeugnisse scheint jede Einwendung unzulässig, dennoch glaube ich nicht, dass sie von einer Erfindung in dem heutigen Sinne dürfen verstanden werden. Wenn man das Alphabet des Ulfilas im Ganzen betrachtet, so fällt eine Übereinstimmung mit dem griechisch-lateinischen so sehr in die Augen, dass in keinem Fall von erfundenen, etwa nur von erborgten Buchstaben die Rede sein könnte. Sodann waren die von welchen jene Behauptung, die immer einer vom anderen scheint entlehnt zu haben, herkommt entfernte Griechen, bei welchen man eine Unbekanntschaft mit der gotischen Sprache voraussetzen und welchen man in jedem Fall eine genaue Einsicht in diesen Punkt, die doch hier allein entscheiden kann, absprechen muss. Sie folgten einer allgemeinen Sage, die sich

---

11 Pergamen (v. gr. Pergamēne, nämlich Diphiera, d.i. pergamenische Haut, lat. Pergamenum, Pergamena charta), sehr weiße, glatte, steife, aber doch auch biegsame, vollständig gereinigte u. getrocknete, aber auch gegerbte thierische Haut, welche vorzüglich zu Trommeln u. Pauken, als Schreibmaterial für wichtige Urkunden (ehemals als das gewöhnlichste Schreibmaterial), zu Büchereinbänden, Siebböden, Überzügen von Koffern etc. gebraucht wird. Quelle: Pierer's Universal-Lexikon, Band 12. Altenburg 1861, S. 823-824. *(hd)*

12 Ausgenommen etwa, was eine Handschrift des schonischen Rechts aus dem 14ten Jahrh. auf der Kopenhagener Universitäts-Bibliothek enthält. Vergl. O. Worm monim. dan. p. 83, 84.

13 Socrates hist. eccl. IV. 27. Τότε δὲ κμί Ουφφίλας, δ τῶν Γότϑων ἐπίσκοπος γ ϱάμματα ἑφεύϱε γοτικά. Gozomenus hist. eccl. VI. 36. πϱῶτος δε γϱαμμάτων εὑϱετ'ς κὺτοϊς ἐγένετο. Philostorgius hist, eccl. II. 5. καὶ τάτε αλλ κὺτῶν ἐπεμελεῖτο, καὶ γϱαμμάτων αὐτοϊς οἰκείων εὑϱετ'ς καταστὰς. Cassiodor hist. eccl. Tripar. VIII. 13. Tuno etiam Ulphilas, Gothorum episcopus litteras gothicas adinvenit. Jornandes c. 51. Ulphias eos dicitur es litteris instituisse. Hist. miscella XII, 12. – qui etiam gothicas litteras primus adinvenit. Isidor hispal. Im chronicon Gothor. Beim Jahr 415. Tuno Gulsilas eorum eoiscopus gothicas litteras adinvenit. Spätere Schriftsteller, welche diese Angabe nachgeschrieben, findet man angeführt in *Heupels* und *Esbergs* Dissertationen über Ulfilas, beide im Anhang der durch *Büsching* gesammelten Abhandlungen von *Ihre.*

sehr natürlich gebildet hatte. Jornandes freilich war selbst ein Gote, allein er schrieb etwa zweihundert Jahre nach Ulfilas und hat sichtbar nur die einmal in Gang gekommene Überlieferung wiederholt. Ich beziehe also jene Angabe auf nichts als den ausgezeichneten Gebrauch, den Ulfilas durch die Übersetzung der Bibel von der gotischen Schrift gemacht hatte, und auf die dadurch entstandene größere Verbreitung derselben. Man braucht auch nur in den bekannten gotischen Urkunden zu Neapel (nach der trefflichen Abbildung von Sierakowsky), die man in den Anfang des 6ten Jahrhunderts setzt, das kecke, sichere und organische in den Zügen zu betrachten, um sich zu überzeugen, dass es in Überlieferung begründete, keine eigenmächtig erfundene Buchstaben sind.

Die eigentümliche Natur des gotischen Alphabets selbst muss aber die sicherste Entscheidung liefern. Wie schon bemerkt äußert sich auf den ersten Blick eine deutliche Verwandtschaft mit dem griechischen. Der größte Teil der Buchstaben hat mit einiger Veränderung dieselbe Gestalt. Bei *A, B, E, G, H, I, J, K, L, M, N, P, T, Z* fällt es in die Augen. Bei *F R* und S kann man behaupten, das gotische habe sich von dem griechischen ab zu dem lateinischen gewendet; allein das *F* trifft doch wieder mit dem äolischen Digamma zusammen, und das *R* und *S* findet sich im Griechischen gleichfalls in dieser mit dem lateinischen übereinstimmenden Gestalt, wie man aus der Zusammenstellung altgriechischer Buchstaben in Montfaucons Paläographie und in dem größeren Werk der Benediktiner, am besten aber nach den Münzen bei Mionnet (description de medailles antiques pl. 31) sehen kann. Außerdem finden sich in den Neapolitanischen Urkunden gerade beide Formen des *S*, die gewöhnliche griechische und lateinische (diese aber umgekehrt, wovon die griechischen Münzen gleichfalls Beispiele liefern) nebeneinander gebraucht; auch in zwei ambros. Handschriften kommen sie vor.[14] Bei dem *Q* entfremdet sich das gotische auch nicht dem griechischen, da das Koppa gleiches Zeichen und gleiche Bedeutung hatte. Was das *D* betrifft, so hat es im codex argent. und in den Neapol. Urkunden eine eigene dem griechischen Lambda ähnliche Gestalt, allein in der wolfenbüttel. und den ambros. Hands. (auf der Tafel IV. ist diese doppelte Form angemerkt) nähert es sich wieder sehr dem lateinischen.

Dagegen vier gotische Buchstaben stimmen auf keine Weise zu den entsprechenden griechisch-lateinischen, wohl aber, und das ist sehr merkwürdig, mit den Runen. Nämlich *O, U, TH* und *V*. Das unten auf beiden Seiten fortgesetzte Zeichen des *O* ist sichtbar die im Angelsächsischen und St. Galler Alphabet unter dem Namen *Ethel, ôthil* vorkommende Rune. Weder im

---

14 Cod. G. und Cod. S 45. S. die Schriftproben in den von *Mai* und *Castillione* herausgegebenen Fragmenten (Medio. 1819, 4).

codex argent. und carol. noch auch, nach den Schriftproben zu urteilen, in den ambros. Palimpsesten ist dieses *O* oben geschlossen (obgleich Knittel es in dem Alphabet, das er p. 317 aufstellt, ich weiß nicht warum, geschlossen hat, ebenso Hickes und neuerdings Mai), dagegen in den neapol. Urkunden ganz deutlich. Das gotische *U* ist am entscheidendsten, da es in dieser lediglich mit der nordischen und deutschen Rune übereinkommenden Gestalt gerade einem ganz verschiedenen lateinischen Buchstaben, dem *N* ähnlich ist. Das *TH* ist die Rune Thorn, weniger beim Ulfilas, wo der Halbzirkel unten durch den Stab gezogen, nicht an die Seite gelegt ist, dagegen wieder sehr deutlich in den neapol. Urkunden; dem griechischen *Θ* steht es aber auch bei dem Ulfilas ganz fern. Endlich das *V*, nur dass es oben nicht geschlossen ist, kommt mit der angelsächsischen Rune überein. – Für das *Hv* weiß ich in keinem anderen Alphabet ein dem gotischen entsprechendes Zeichen.

Man kann nicht annehmen, dass Ulfilas für jene vier Buchstaben die Zeichen aus dem Runenalphabet geholt, denn da in dem griechisch-lateinischen sich dafür entsprechende vorfanden, so wäre für ein solches äußeres Vermischen und Zusammensetzen durchaus kein Grund anzugeben. Dagegen glaube ich, lässt sich aus jener merkwürdigen Übereinstimmung mit den Runen folgern, dass das gotische ein eigentümliches Alphabet war, von Ulfilas nicht erfunden, sondern aus älterer Zeit stammend. Hätte Ulfilas eine Schrift borgen müssen, das heißt: besaßen die Goten noch keine, so sieht man nicht, warum er nicht geradezu die ihm bekannte lateinische oder griechische nahm, es wäre ganz dem Gang der menschlichen Bildung gemäß gewesen;[15] dagegen begreift

[15] Ich habe mich absichtlich einer Vergleichung des gotischen Alphabets mit anderen zu demselben Geschlecht gehörigen enthalten, da, um jene allgemeinere Ähnlichkeit zu würdigen, ein anderer Gesichtspunkt für die Untersuchung müsste angenommen werden. Ebendarum aber kann ich ein überraschendes Zusammentreffen nicht unberührt lassen. *Bayer* hat eine Inschrift, die auf einer den heidnischen Preußen von den Kreuzrittern abgenommenen Fahne entdeckt wurde, bekannt gemacht, *Thunmann* aber (Untersuchungen über die Geschichte einiger nord. Völker S. 224 – 48) hat sie gelesen und erklärt. Diese Schrift hat nicht im Ganzen viel Ähnliches mit der gotischen und runischen, sondern sehr merkwürdigerweise finden sich darin in völliger Übereinstimmung die hier vor allen wichtigen gotischen und runischen Buchstaben *ûr* und *ôthil*, jener ist der 3te, dieser der 15te der Inschrift. Der ôthilrune gegenüber ist auch das einfach und runde O (der 5te Buchstabe) vorhanden. Selbst das TH (Buchst. 19 und 26) hat in seiner Gestalt Ähnlichkeit mit dem gotischen. Es bestätigt sich damit aufs Neue die Unabhängigkeit des gotischen Alphabets von dem griechischen, sowie die nähere Verwandtschaft der Goten mit den Völkern, die über ihnen nach Norden zu ihre Sitze hatten, woher sie ja selbst nach alter Sage südlich sollen herabgezogen sein.

man sehr wohl, dass er die bereits vorhandene beibehielt.[16] Auf der anderen Seite kann man zugeben, dass, ungeachtet eine gemeinschaftliche Quelle hier so gut als bei der Sprache selbst vorauszusetzen ist, doch das Griechisch-lateinische bei der Berührung der Völker wiederum auf das Gotische Einfluss ausgeübt habe. Dies zeigt sich schon darin, dass die gotischen Buchstaben, wie ihre Bedeutung zugleich als Zahlen ausweist, im Ganzen in der Ordnung des griechischen Alphabets auf einander folgen. Gar wohl mögen auch einzelne Buchstaben daher aufgenommen sein, wie etwas das χ als Ziffer für die Zahl 600. Griechisch ist es auch, wenn Ulfilas *gg* und *gk* für *ng* und *nk* schreibt. Man könnte daher von der gotischen Schrift sagen, sie mache zwischen der griechisch-lateinischen und der runischen das Mittel aus.

Dabei ist noch ein Umstand zu berücksichtigen: nämlich alle zur Schrift gehörigen Ausdrücke sind ursprünglich *gotisch*, während Ulfilas ohne Zweifel mit der Sache selbst auch den Namen dafür würde geborgt haben. *Schreiben* heißt bei ihm *mêljan, gamêljan,* welches mit mahlen, pingere, nah verwandt ist; daher ferner *mêl*, scriptum, *gamêleins*, scriptura, *ufarmêli*, inscriptio. *Bôka*, das Buch, ohne Zweifel nach den Tafeln von Buchenholz; *bôkareis*, ein Schriftkundiger, scriba. *Lesen*, das Wort selbst, kommt gleichfalls vor: *lisan*, doch in der Bedeutung von sammeln. Dagegen der Begriff von lesen wird ausgedrückt durch *siggvan*, singen, welches merkwürdig das laute und langsame Vorlesen bezeichnet, eben, weil nur wenige zu lesen verstanden. Über *vrits*, Ritz, Buchstabe, wird hernach noch etwas angemerkt werden; *striks*, Strich bezeichnet die Spitze eines Buchstaben. Aus *spilda* (vergl. *spelte* alt. Tit. 85) ohne Zweifel das nordische spialld, Brett, lässt sich nicht mit Gewissheit auf jene hölzerne Runentafel schließen, da es bloß wörtliche Übersetzung von dem griechischen πιναχίδιον sein könnte. Ich folgere nun, dass wenn man auch eine besondere Bildung der Goten annimmt, dennoch ein so wichtiger Vorzug als der Besitz einer Buchstabenschrift ihnen mit anderen Stämmen muss gemeinschaftlich gewesen sein. Sie hat ohne Zweifel Verschiedenheit gehabt, nicht anders als die Sprache selbst, namentlich durch die Hinneigung zu der grie-

[16] Wenn in der Zahnischen Ausgabe des Ulfilas S. 22 angeführt und in der Einleitung zu den ambros. Fragmenten p. XII wiederholt wird, dass Ulfilas deshalb nicht das gotische Alphabet erfunden habe, sondern die Goten zu seiner Zeit bereits die Schrift besessen, weil die Sprache zu viel Ausbildung zeige, so ist dieser Grund ungültig, da, wie schon oben gesagt ist, die organische Ausbildung der Sprache von der Schrift unabhängig ist. Dagegen könnte man wohl bemerken, dass, wenn Ulfilas die gotische Sprache zuerst geschrieben, er schwerlich diese Ordnung und Konsequenz im Gebrauch der Buchstaben würde gezeigt haben, welche einen schon geregelten Zustand bezeichnet.

chisch-lateinischen, aber es ist nicht glaublich, dass sie den Sueven, Franken, Sachsen, Burgunden völlig gefehlt und jener Bildung hier eine solche Barbarei sollte gegenüber gestanden haben. Auffallend ist freilich in dem ersten Augenblick, dass sich darüber kein ganz deutliches Zeugnis findet, denn der Untergang der Denkmäler selbst lässt sich schon eher begreifen. Allein in einer solchen Zeit steht die Schrift in einem ganz anderen Verhältnis, als in welchem wir gewohnt sind sie zu erblicken. Sie wird als eine gelehrte Kenntnis von Wenigen besessen, nur von denen, welchen die Erhaltung und Fortpflanzung des Geistigen obliegt, dem Volk aber bleibt sie unbekannt.[17] Daher heißt Rune der Buchstabe sowohl als das Geheimnis. Eine kriegerische Gesinnung ist ohnehin solchen Beschäftigungen abgeneigt[18] und die an das Schwert gewöhnte Hand zu der feineren Arbeit ungelenk.[19] Außerdem war der Gebrauch der Schrift auch sehr eingeschränkt; alles was die Überlieferung lebendig erhält, z. B. die epischen Gesänge, aufzuschreiben, daran denkt noch niemand, weil die Sorge dafür erst bei der späteren Gefahr eines Verlustes entsteht; bei den Galliern war es gerade verboten, sie durch die Schrift zu sichern, um, wie Cäsar glaubt (de B. G. VI. 14), das Gedächtnis dafür nicht zu schwächen. Indessen erklärt sich auch das Schweigen über die einheimische Schrift durch die Zurücksetzung der einheimischen Sprache; die lateinische erhielt sehr natürlich die Oberhand und wurde Geschäftssprache, doch erst mit Einführung des Christentums ihre Herrschaft vollendet.

---

17 In dem alteddischen *Rigsmal*, welches die Entstehung der drei verschiedenen Stände beschreibt, wird bedeutend nur dem edelsten, den Jarlen, die Kenntnis der Runen beigelegt, die auch allein die Sprache der Vögel verstehen, das Feuer besprechen können usw. Vergl. Str. 46 – 48 der Sjöborg. Ausgabe.

18 In diesem Sinne nun ist die Stelle beim Aelian Var. VIII. 6, welcher die Gotische Schrift ohnehin schon gerade widerspricht zu nehmen. ἆλλὰ καὶ ἐνόμιζον [3 Buchstaben des nächsten Wortes sind unleserlich, vermutlich:] αΥσχιστον εἶναι πάντες οί τὴν Εὐϱώπην οὶκοντες βάϱβαϱοι χϱησθαι γϱάμμασι. – Es ist bekannt, dass, als der Ostgotische minderjährige Athalarich Lehrer erhalten sollte, sich die Großen dagegen setzten: multum abesse a virtute litteras.

19 Das sagt der Kirchenvater *Hieronymus* im 4ten Jahrhundert ausdrücklich: callosa tenendo capulum Germanorum manus ac digiti tractandis sagittis aptiores ad stimulum calamumque nostra demum aetate mollescere coeperunt (Ep. 135 ad Suniam.) Dahin gehört auch Eginharts Ausdruck bei Karl dem Großen (vita 25): manum litteris essigiandis assuefacere. Es ist daher merkwürdig, dass in der alten Edda (atlamál hin grönlensku Str. 4 u. 35) *Frauen* die Runen schneiden und lesen. In ihren Händen lag auch die Heilkunst. Schon auf diesem Weg kann man die Berührung des weiblichen und priesterlichen Standes bei den Deutschen erklären. In dem Maneßischen Codex findet sich unter anderem ein Bild, wie ein Ritter einer *Jungfrau* seine Gedichte diktiert.

4. Buchstaben des fränkischen Königs Chilperich

In dem zunächst folgenden Zeitraum von dem fünften bis zum siebten Jahrhundert war die lateinische Sprache immer weiter vorgedrungen, deren sich die fränkischen Merowinger so gut bedienten, wie der ostgotische Theodorich in Italien. Sollte in jenem Kampf römischer und deutscher Elemente, der diesen Zeitraum bezeichnet und nach dessen Beruhigung erst im Mittelalter eine eigentümliche, von beiden Strömen genährte Bildung sich zur Blüte erhob, die Kenntnis der alten einheimischen Buchstaben ganz sich verloren haben? Wer es bejaht, kann sich darauf stützen, dass es schwer hält, den Beweis vom Gegenteil zu führen. Zwei Stellen, eine bei Gregors von Tours, die andere bei Venantius Fortunatus, verdienen hier berücksichtigt zu werden, wenigstens scheint die letztere einiges Licht in dieser Dunkelheit zu gewähren. Die erstere ist an sich schon schwierig. *Gregor von Tours* (hist. Francor. V. 45) meldet bei dem Jahr 580 von dem König *Chilperich*: addidit autem et litteras, *litteris nostris*, id est *w*, ficut Graeci habent, æ, th, uui, quarum characteres subscripsimus. Hi sunt … et misit epistolas in universas civitates regni sui, ut sic pueri docerentur, ac libri antiquitus scripti, planati pumice, rescriberentur. *Aimoin* (de gestis Francor. c. 41), aus dem 11. Jahrhundert, wiederholt dasselbe und hat sichtbar aus dem Gregor geschöpft, so dass er als ein neuer Zeuge nicht auftreten kann.

Die erste Schwierigkeit dieser Stelle liegt darin, dass selbst in den Handschriften die Charaktere nicht übereinstimmen; bei der Unwissenheit der Abschreiber ist dies kein Wunder. In den Drucken gar hat man nach einer ungefähren äußeren Übereinstimmung griechische Buchstaben hingesetzt. In den nouveau traité de Diplomatique, wo (II. 50. 65) überhaupt diese Stelle mit Sorgfalt und Gründlichkeit abgehandelt ist und wohin ich verweise, hat man den richtigen Weg eingeschlagen, um zu einiger Sicherheit zu gelangen. Man hat nämlich aus acht Handschriften, unter denen ein paar vorzügliche sind, und aus den alten und neuen Drucken die Charaktere in genauen Abzeichnungen zusammengestellt, und aus der Vergleichung lässt sich nun mit ziemlicher Gewissheit auf das richtige und ursprüngliche schließen.

Aus welchem Alphabet diese Buchstaben genommen seien, darüber sind die Meinungen sehr verschieden. Man findet sie bei den Benediktinern gesammelt: einige glaubten aus dem hebräischen, andere aus dem griechischen, gotischen, runischen, lombardischen, angelsächsischen. Es ergibt sich aber aus jener vergleichenden Tabelle, dass der erste Buchstabe das griechische ω ist, Zeichen und Bedeutung nach; der zweite eine Vereinigung von dem lateinischen *a* und *e*, um diesen Diphthong auszudrücken; der dritte von *t* und *h* für Theta und der vierte ein oben geschlossenes *v* für das *w*.

Es scheint, dass Chilperich sich durch Erfindung dieser Buchstaben ein Verdienst wie Palamedes erwerben, oder, was noch näher lag, den Kaiser Claudius, der drei neue Buchstaben einzuführen gedachte, nachahmen wollte. Doch wichtiger ist uns die Frage: was für Buchstaben versteht Gregor unter den litteris *nostris*? Die meisten, ohne sie näher zu berühren, setzen voraus, es sei von lateinischer Schrift und Sprache die Rede, auch die Benediktiner äußern diese Meinung, die ohne Zweifel etwas sehr natürliches hat. Zu den dort angeführten Schriftstellern füge ich noch *Ihre.* Seine Gründe dafür sind:[20] Chilperich habe seine Befehle an alle Städte des Reiches gerichtet und doch sei nicht in allen die fränkische Sprache geredet worden; welchen Grund auch die Benediktiner p. 63 in einer Anmerkung gelegentlich vorbringen.
Sodann: aus einer Stelle Otfrieds gehe deutlich hervor, wie unbenutzt und unbebaut man die fränkische Sprache liegen gelassen. Gegen den ersten Grund könnte man einwenden: in universas civitates regni wäre zu erklären: nach allen Orten, wo deutsch gesprochen wurde; und was die hernach noch anzuführende Stelle des späteren Otfrieds betrifft, so sagt sie keineswegs, dass man keine Schrift für die einheimische Sprache gehabt, sondern nur, dass die Sprache selbst sei zurückgesetzt und gering geachtet worden. Die größte Wahrscheinlichkeit für lateinische Buchstaben und Sprache beruht wohl darin, dass diese damals unbezweifelt Schriftsprache war und wir von keinem deutschen Denkmal aus jener Zeit wissen. Auch so viel dürfen wir als sicher annehmen, dass, wenn wirklich deutsch geschrieben wurde, es nur in seltenen Fällen geschah und dennoch will Chilperich, dass bei dem Unterricht der Knaben auf diese Buchstaben Rücksicht solle genommen werden. Endlich müssten nach den ausdrücklichen Worten Gregors libri antiquitus scripti in deutscher Sprache vorhanden gewesen sein, was sich kaum glauben lässt.
Gleichwohl bleiben Bedenklichkeiten zurück. Man kann zwar darüber hinausgehen, dass, wie die Benediktiner anmerken, bis jetzt in keiner einzigen Handschrift jener Zeit einer von den vier neuen Buchstaben gefunden oder eine Spur entdeckt worden, dass man dem Befehl des Königs zufolge sie hinein korrigieren wollen; vielleicht kam es damit gar nicht zur Ausführung. Aber wozu sollten überhaupt diese Buchstaben in dem lateinischen Alphabet dienen? *Ihre* sagt bloß, es sei schwer darauf zu antworten, die Benediktiner merken zwar an, sie seien nicht unpassend für den damaligen Zustand der lateinischen Sprache gewesen, indem die drei letzten mit einem einzigen Zeichen den Laut ausgedrückt, wozu sonst mehrere nötig gewesen wären; doch das ist nur ein oberflächlicher Schein. Der erste Buchstabe ist ausgemacht das griechische ω; bekanntlich haben die Römer den Unterschied des Omikron und

[20] De lingua codicis argentei § 9. 10 in *Büschings* Sammlung p. 262, 63.

Omega selbst nicht bezeichnet, hier wäre also ein wirklicher Gewinn gewesen: wer aber sollte jetzt, in dem gesunkenen Zustand der Sprache, fähig gewesen sein, den Unterschied aufzufinden und richtig zu bestimmen? Die Benediktiner übergehen auch diesen Punkt mit Stillschweigen. Zugegeben, dass der zweite Buchstabe für den Diphthong *ae* ein einfaches Zeichen geliefert habe und man von der bisher üblichen Bezeichnung dieses geringen Vorteils wegen abgewichen wäre, so muss man doch fragen, warum andere Diphthonge, wie *au*, *oe*, nicht beachtet sind? Ein gleiches kann man bei dem *th* mit Recht einwerfen: warum überging man das *ch, ph, rh*, die mit dem *th* in einer Reihe stehen? Ja, dieses fällt lediglich den lateinischen Wörtern, die griechischen Ursprungs sind, anheim. Ferner: da Chilperich das Zeichen des Omega aus dem griechischen borgte, warum nahm er nicht auch das δ dorther und erfand lieber ein ganz neues? Gar der vierte Buchstabe, das *w*, könnte nur, wie auch die Benediktiner annehmen, wegen der latinisierten fränkischen Eigennamen eingeführt worden sein.
Unter diesen Umständen ist wenigstens der Gedanke erlaubt, Gregor habe das Alphabet für die deutsche Sprache gemeint, in welchem gar wohl Zeichen für diese vier Laute, die sämtlich vorhanden waren, konnten vermisst werden. Freilich ist nicht bloß denkbar, dass dieses Alphabet wiederum aus den lateinischen Buchstaben bestanden habe, sondern sogar hier wahrscheinlich; indessen muss doch auf die Möglichkeit hingewiesen werden, dass zugleich ein eigentümlich deutsches gemeint sei, welches Chilperich ergänzen wollte.[21]

5. Die Stelle des Venantius Fortunatus

Unsicher und vieldeutig bleibt also die Stelle Gregors immer; glücklicherweise ist die andere verständlicher. *Venantius Fortunatus*, aus der letzten Hälfte des 6ten Jahrhunderts, Bischof zu Poitiers, schreibt an Flavus (L. VII. c. 18), wenn er ihm nicht lateinisch antworten wolle, so könne er sich einer anderen Sprache oder Schrift bedienen und fährt dann fort:

barbara fraxineis pingatur *runa* tabellis,
quodque papyrus agit virgula plana valet.

Vorerst ist außer Zweifel, dass *runa* hier nicht Geheimnis, sondern *Buchstabe*, nach dem nordischen Ausdruck *málrún*, bedeutet. Sodann behaupte ich, dass

[21] Ich sehe, dass auch *Mascov* (Gesch. der Deutschen B. 14. K. 18. Anm. 8) den Gedanken äußert, es könne hier von einem fränkischen Alphabet die Rede sein. Gleichfalls widerspricht *Adelung* den Benediktinern in der Übersetzung ihres Werkes (II. 260) und neigt sich zu der anderen Ansicht. Eine im chronicon Gottwic. I. 68. 36 aufgestellte Vermutung ist auf die unrichtigen Zeichen in den gedruckten Ausgaben gegründet und verdient weiter keine Berücksichtigung.

nicht etwa die nordische, sondern keine andere als eine *deutsche* Runenschrift gemeint sei. Jenes nehmen fast alle nordischen Schriftsteller an und setzen dabei irgendeinen Zufall voraus, durch welchen die Kenntnis davon dem Venantius Fortunatus müsse zugekommen sein. Ich will kein Gewicht darauf legen, dass das Wort im nordischen *rún* nicht *rûna* heißt, allein man überzeugt sich von der richtigen Ansicht, wenn man die Gedichte des Venantius Fortunatus durchliest: die Verhältnisse, in denen er gelebt, mussten ihm Bekanntschaft mit der deutschen Sprache und Sitte verschafft haben. Er war zwar in Ober-Italien geboren und in Ravenna erzogen, kam aber in das fränkische Reich und lebte an verschiedenen Orten Deutschlands, bis er zuletzt Bischof von *Poitiers* wurde. *Germanica regna* nennt er selbst die fränkischen Königreiche (VI. 8). In der Vorrede an den Papst Gregor sagt er ausdrücklich, dass er über den Lech in Bayern, die Donau in Allemannien und den Rhein in Germanien gekommen sei; und in einem besonderen Gedicht (X. 9) beschreibt er eine Fahrt auf der Mosel und dem Rhein bis nach Andernach; außerdem drückt er in verschiedenen Stellen sich deutlich über seinen Aufenthalt in Deutschland aus.

L. VII. II. (ad Dynamium)

Massiliae tibi regna placent, *Germania nobis*;
vulsus ab aspectu pectore vinctus ades.

L. VII. 8. (ad Lupum ducem)

Cum peregrina meos tennit Germania visus,
tu pater et patriae consoliturus (i. e. consolaturus) eras.

L. VII. 12.

– – – – *postquam Germania nostros*
contulerat visus.

Besonders merkwürdig sind folgende Stellen: Inter barbaros longo tractu gradiens – novus Orpheus lyricus sylvae voces dabam, sylva reddebat – *barbaros leudos* harpa relidebat.

Und L. VII. 8.

nos tibi versiculos, dent *barbara carmina leudos* (al liedos)
sic variante tropo laus sonat una viro.

Hier gebraucht Fortunatus sichtbar das deutsche Wort *Lied.*[22] Zugleich folgt daraus, dass wenn *barbara* carmina notwendig durch *deutsche* Gedichte muss

[22] Es scheint auch ein Germanismus, wenn er an einer anderen Stelle statt butyrum sagt butyr.

übersetzt werden, auch *barbara* runa *deutsche* Rune heißt.[23] – Noch glaube ich, verdient der obige Ausdruck *pingatur* runa einige Aufmerksamkeit, insofern man ihn nämlich als wörtliche Übersetzung eines entsprechenden deutschen zu betrachten geneigt wäre. Man denkt dann an das aus dem gotischen bekannte *mêljan*, (malen) für scribere. Ich weiß zwar, dass das lateinische die Analogie acu pingere (Ovid. met. VI. 23) darbietet, allein in der Bedeutung von scribere kommt das Wort doch nirgends vor, im Gegenteil, es heißt eigentlich mit Farben anmalen. Auch sonst (L. XI. 23) finde ich bei Ven. Fort. *calamo pingere* versus und in einem besonderen Gedicht von ihm: de excidio Thuringiae (Bibl. max. patr. X. p. 614) den Ausdruck: *littera picta*. Ebenso steht in der Lex Salica Tit. 10 § 2. „si quis vero animal caballum vel iumentum in furtum *pinxerit*." Wenn nämlich jemand das Tier eines anderen mit seinem Zeichen bezeichnete, um es sich dadurch diebisch zuzueignen. – Ich glaube daher die ganze Stelle des Venantius Fortunatus[24] am natürlichsten zu verstehen, wenn ich annehme, dass darin von deutscher Runenschrift die Rede sei, die er in Deutschland kennen und lesen gelernt hat, wobei er des Gebrauchs, sie auf eine Holztafel, oder einen hölzernen geglätteten Stab (virgula plana) zu schneiden, und diese als Brief zu versenden gedenkt; geradeso wie er in der oben angeführten Stelle des Saxo Grammatikus für den Norden beschrieben wird. Dass endlich Ven. Fortunat. auch die Sitte, auf Baumrinde zu schreiben, kannte, erhellt aus einer anderen Stelle, wo er in seiner Sprache sagt:

L. VII. 18.

An tibi charta parum peregrina merce rotatur?
Non amor extorquet, quod neque tempus habet.
Scribere quo possis discingat fascia fagum,
cortice dicta legi fit mihi dulce tui.

---

23 Auch sonst gebraucht Fortunatus den Ausdruck barbaricus ohne eine nachteilige Nebenbedeutung für *deutsch*, in dem Sinne der Alten, bei denen es nur ausländisch hieß. So sagt er von dem Herzog Launebodes II. 9.

Launebodes enim post secula longa ducatum
Dum gerit, instruxit culmina sancta loci,
Quod nullus vaniens romana gente fabrivit;
Hoc vir barbarios prole peregit opus.

Und in der Grabschrift der Wilithuta IV. 21.

Sanguine nobilium generata –
Romana studio, barbara prole fuit.

24 Die Benediktiner führen sie nicht da an, wo sie von den Runen handeln, sondern fertigen sie hernach (II. 72) in einer Note mit dem Einfall ab, der Bischof habe die Schrift der Goten, die er in Italien und Spanien kennen gelernt, im Sinn gehabt.

6. Rune, das Wort

Es wird nicht unpassend sein, hier erst zu betrachten, in welchen Bedeutungen das Wort *Rune*, das uns bei dem V. Fortunatus zuerst in der Bedeutung von Buchstabe begegnete, noch sonst in unserer Sprache erscheint. Es findet sich aber bereits in den frühesten Denkmälern und dauert sichtbar noch fort in *Alraun*, Mandragora, (eigentlich ein aus der Mandragora geformtes Zauberbild) und in *raunen*, heimlich reden. Über die ursprüngliche Bedeutung ist schwer zu entscheiden, alle bisherigen Erklärungen lassen begründete Einwendungen zu; eine genügende weiß ich aber auch nicht zu geben. Am natürlichsten wäre die Vermutung, dass *runen* an sich so viel heiße als *scribere*, γράφειν, rista, nur lässt sich dafür nichts Entscheidendes anführen.[25] Ulfilas hat *rûna*, das Geheimnis und der geheime Rat, ferner, *garûni*, die Beratschlagung. Geheimnis heißt vielleicht die Rune deshalb, weil die Schrift, wie oben bemerkt ist, ursprünglich eine geheime Kunst war. In der Bedeutung von Buchstabe kommt das Wort bei ihm nicht vor, und darum könnte man vermuten, dass jene von Geheimnis die ursprünglichere wäre. Die Aliorumae, Alyrumae, bei Jornandes (Kap. 24), sind mulieres magae, ohne Zweifel die Vorbilder der heutigen Alraunen; in der gl. florent. *hellirûna*, necromantia. Bei Isidor und Tatian kommt *chirûni, girûni,* Geheimnis öfter vor; *rûno, rûna* (ganz entsprechend dem nordischen *rúni* und *rúna*) heißt ein Vertrauter, eine Vertraute, und mit dem Zusatz *dr-rûno*, der ins Ohr flüstert; gleichfalls ist das Zeitwort *rûnen, rûnezan, rûnzan* (vgl. das heutige; grunzen) murmurare, heimlich reden, flüstern, heimliche Ratschläge fassen, in jener Zeit gebräuchlich (vgl. Notker 105, 25. Symb. ad lit. teut. *rûnazzari*, susurro, *rûnet* susurrat p. 227. 252), und diese Bedeutungen dauern auch im Mittelalter und noch späterhin fort. Beispiele findet man bei Oberlin; zuzufügen ist: *rûnen*, flüstern, im Bonerius, Parcifal 23132 und besonders eine sehr deutliche Stelle im Tristan 17144, wo es von einem Brunnen heißt: „mit sîner *rûne* (er sie) enphie, er *rûnete* suoze den gelieben ze gruoze." In dem Gedicht vom starken Rennewart (Cass. Hs. Bl. 114) „offenbarliche *âne rûnen*." – Wichtiger aber als diese weiteren Ausbildungen des Stammwortes ist für uns eine Stelle

---

[25] Gewöhnlich nimmt man an, *Rune* habe gleiche Wurzel mit *Runs, Runse,* welches Schnitt, Einschnitt, Rinne, Flussbett und endlich Fluss selbst bedeutet (vergl. Adelung). Diese Ableitung wäre an sich ganz willkommen, allein im nordischen hat *run* ein gedehntes *û* und diesem entspricht im deutschen das *au*, wie es auch richtig heißt: *raunen*. Ebenso lautet *hunar* im deutschen: *Haunen, Heunen*. Es muss daher bei *rûna* eine ganz andere Wurzel vorausgesetzt werden. Die Ansicht die *Mone* in den deutschen Denkmälern (allgem. Einleit. VIII. ff) von den Runen entwickelt hat, stützt sich auf jene Bedeutung von Einschnitt.

(Kap. 54.) bei Kero (um 720), wo den Mönchen verboten wird, von irgendjemand litteras sive eulogias anzunehmen, litterae aber sind durch puah und eulogiae durch *rûnstaba* erklärt. Eulogiae bedeuten, wie aus vielen Stellen bei Dufresne erhellt, gleichfalls litterae, vielleicht mit einer Nebenbedeutung: arcanae. *rûnstab* entspricht aber genau dem nordischen *rúnastafr*, (angelsächs. *rûnastaef*) character, littera runica.

Es lässt sich aus dem Dasein dieses Wortes allein mit größter Wahrscheinlichkeit schließen, dass in Deutschland ein eigentümliches Alphabet vorhanden gewesen, dessen Buchstaben *rûnstaba* geheißen. Adelung erklärt das Wort in seiner eigentlichen Bedeutung durch einen mit Runen beschnittenen Stab, dagegen ist einzuwenden, dass man im Nordischen dafür den besonderen Ausdruck: *rúnakéfli* hat, dort aber *stafr* allein schon den Buchstaben bezeichnet,[26] *stab* wird also nur aus dem Wesen und der Entstehung des Schriftzeichens selbst zu erklären sein. Übrigens hat es sich auch in Zusammensetzungen (am häufigsten im Angelsächsischen z. B. staef-creft, staefen-row usw.) erhalten, namentlich in dem schon früh vorhandenen *Buchstabe*. Gerade wie *rûnstab* in der oben angeführten Stelle die Bedeutung von Schrift hat, so wird in der alten Psalmenübersetzung litteratura durch *buohe-staf* (Ps. 70, 15. In der Hagen. Ausg. S. 51) übersetzt; Notker hat dafür das gleichbedeutende *buochschrift*. Hat nun *rûna* bei uns nicht bloß die Bedeutung von Geheimnis, und was davon sich ableitet, gehabt, sondern ist damit wirklich der eingeschnittene Buchstabe bezeichnet worden, so dürfen wir gleichfalls den dazu gehörigen technischen Ausdruck des Nordens für das Einschneiden, *rista* (womit das spätere *rita*, welches allein schon Buchstaben zeichnen, scribere, bedeutet, gleiche Wurzel hat) in Anspruch nehmen. Hier begegnet uns nun das alte, bei Otfried (III. 17, 72. 97) zweimal und zwar neben scriban (V. 82) gebrauchte, *rizan*, („mit themo singare reiz“) für schreiben; so wie in der gl. mons. *reiz*, scribebat, *riz*, exara. Noch wichtiger ist ein Ausdruck in der Glosse bei Docen: *rizzin*, characteribus litterarum, wonach *riz* gleichbedeutend mit *rûna* erscheint. Dabei ist anzuführen aus dem Ulfilas: *vrits* für littera, oder apex litterae, χεραια, zumal da die mons. Glosse wiederum apex durch *riz* gibt. Dies spräche zugleich für die Vermutung, dass Einschnitt, Ritz, die ursprüngliche Bedeutung von Rune wäre.[27]

---

26 Auch den Zaubercharakter (Skirnisf. 36). Ja noch weiter heißen *stafir* auch *voces*. Vergl. Egils Saga 428.

27 Noch fragt sich, ob *Rontafel*, nach Frisch beim Dasypodius, für Schreibtafel durchaus von *rone*, Baumstamm, abzuleiten sei, und bloß Holztafel bedeute. – In der Maneßischen Sammlung findet sich II. 237a folgende Strophe:
durch einen holen stap mit âteme trîben

7. Schrift im 8ten und 9ten Jahrhundert

Mit dem achten Jahrhundert war der Gebrauch der lateinischen Schrift für die deutsche Sprache längst durchgedrungen, wie die jetzt anhebenden Denkmäler derselben hinlänglich bezeugen. Die Geringschätzung, womit damalige Gebilde die einheimische Sprache, in der sie zu schreiben verschmähten, betrachteten, mag allerdings mitgewirkt haben. *Otfried* klagt darüber in der Vorrede zu seinen Evangelien: res mira, tam magnos viros, - sapientia latos, sanctiate praeclaros – cuncta haec in alienae linguae gloriam transferre et *usum scripturae in propria lingua non habere*. Im Norden geschah es später, und ohne Zweifel hat dort die Einführung des Christentums einen entschiedenen Einfluss darauf gehabt: die einheimische Sprache wurde Schriftsprache, aber die alten, ohnehin nur seltener gebrauchten Runen mussten als heidnische Zaubercharaktere erscheinen, deren Gebrauch man nicht ausdehnen wollte. Selbst ein runischer Buchstabe, der blieb, weil das lateinische Alphabet kein Zeichen dafür hatte, nämlich das TH wurde aus dem Angelsächsischen eingeführt und behielt daher nicht den einheimischen alten Namen *Thurs*, sondern hieß wie dort *Thorn*.

In diesen Zeitraum gehört das Weßobrunner Gebet, in welchem für die Silbe *ga* (*cha*, *gi*) ein besonderes Zeichen sich befindet, das aus einem durchschnittenen Kreuz oder aus einem sechsspitzigen Stern besteht. Die Vermutung ist

---

sach ich vil kleiner kugellin;
der sin dâ pflak, der fuogte pin
vil ungewarnet mangem vogelline.
Ich sprach: mak vor den listen iht beliben
....
durch den stap rûnet man verholn
getriuwer man, daz bringet dich ze pine.
Nu si der stap an lügenern verborgen,
der stiftet mort mit sinen lügen,
ob sich die slehten von ihm zügen
unt daz die kleinen vogel flügen
von holme stabe, si möhten senftern beidenthalp ir sorgen.

Auf den ersten Anblick scheint in jener Zeile von dem geheimen Runenstab die Rede, allein es ist nur ein zufälliges Zusammenkommen dieser Ausdrücke, und das Blasrohr gemeint, durch welches man sich auch heimlich zuflüstert. Schade, dass die Zeile, die alles völlig deutlich machen würde, fehlt, der Dichter sagt: bei Lügnern stiftet der Stab durch die Zuflüsterungen (oft) Mord; möchten die Redlichen ihr Ohr von ihm wegziehen, wie die Vöglein vor ihm entfliehen, es würde beiden zuträglich sein.

nicht unwahrscheinlich, dass dies noch ein Überrest des alten Runenalphabets sei und zwar würde ich es für die in dem hernach zu erklärenden Alphabet des Hrabanus Maurus vorkommende Rune *gilch*, *chilch* halten, die gerade ein *k ch* bezeichnet; das dazu gehörige *a* oder *i* wurde nach Art der Runenschrift, die oft Vokale auslässt, nicht hinzugesetzt.
Von den Ausdrücken, die bei der Schrift vorkommen, dauert *buah, puoh* (bei Kero, Tatian, Otfried, Notker) fort und die Zusammensetzung *puohstab* zeigt sich im Althochdeutschen zuerst. Aber Otfried gebraucht auch das fremde *livol*, libellus, und wie überhaupt geborgte Wörter leichter eine falsche Anwendung erleiden, so findet sich in den monseeischen Glossen die Tautologie: *livolpuohhes*, mit der Bedeutung: volumen libri. *bokareis* des Ulfilas erhält sich bei Otfried und Tatian: *buahari*, scriba; das unter gleicher Bedeutung in der gl. mons. angeführte *puohmeistari* ist schon eine Zusammensetzung; *lesan* kommt in dem heutigen Sinn vor und das *mêljan* des Ulfilas findet sich nicht mehr, doch aber *mâlon* in der Bedeutung von zeichnen, bezeichnen, woher unser Denkmal, Malstein u.a.m.[28] Dafür ist *scrîban*, das sich zunächst von dem latein. scribere ableitet, allgemein angenommen, auch daher *scrîbari*, Schreiber, beim Otfried gebildet. Ebenso finden wir im Nordischen *skrifa*, während das Angelsächsische auch dafür den eigentümlichen Ausdruck *writan* (engl. to write), welcher gleich ist mit dem nordischen *rita*, nicht aufgegeben hat. Otfried hat, wie oben schon angemerkt ist, nur an einer Stelle das alte *rizan* gebraucht. Im Mittelalter scheint der Ausdruck nicht ganz vergessen, denn in der Maneß. Sammlung I 29a steht: „swaz dir ieman lobes *rizze*, daz ist eines schaten wanc" (*S. Benecke* Anm. zum Wigalois V. 10815). Unser heutiges: einen Riss, Zeichnung machen, leitet sich gleichfalls davon ab.

[28] Ich finde noch im 13ten Jahrhundert in der Weltchronik des Rudolf von Montfort das Wort *mâlen*, doch in besonderer Verbindung, für schreiben gebraucht. Saul lässt Samuels Leben malen, und dann heißt es weiter von ihm (Cass. Hs. 172b): er
hiez dâ ze mâle
z'eime memoriale
sinen namen mâlen da.

8. Runen bei Hrabanus Maurus

In diese Zeit jedoch fällt ein *deutsches Alphabet*, das *Hrabanus Maurus* in seinem Tractat de inventione linguarum aufbewahrt hat. Es ist abgebildet in den opp. Hrab. M. Kölner Ausg. VI. p. 333 und damit übereinstimmend bei *Goldast* script. rer. alem. II. P. I. p. 67. Einen Teil davon, nämlich nur die ersten fünfzehn Buchstaben, offenbar aus einer anderen aber unvollständigen Handschrift hat auch *Lazius* de gentium migrat. p. 514. bekannt gemacht. Beide Alphabete des Hrabanus und Lazius sind wiederholt in *Ol. Worm* litteratura runica p. 46. 47, und in Hickes thes. III. tab. I.[29] Ich liefere sie hier Tafel I, nur das erstere etwas verkleinert, ferner ein Alphabet aus *Trithems* polygraphia, wovon hernach das Nötige vorkommen wird. Alle drei aber zur Vergleichung des hrabanischen Alphabets, wie es zwei *Wiener Handschriften* enthalten, nach Zeichnungen von J. G.[30] Endlich aus einer zu Exeter aufbewahrten Handschrift des Hrabanus das dreifach, aber ohne die Namen, aufgestellte Alphabet, welches *Hickes* thes. III. tab. II. mitgeteilt hat; wir werden erst in der Folge Gelegenheit haben, es zu berücksichtigen.[31]

Die Worte, welche Hrabanus den Alphabeten beifügt und die in den Handschriften völlig übereinstimmend lauten, sind folgende: litteras quippe, quas (sic) utuntur Marcomanni, quos nos Nordmannos vocamus, infra scripta habemus: a quibus (Nordmannis) originem, qui theodiscam loquuntur linguam, trahunt. Cum quibus (litteris) carmina sua incantationesque ac divinationes significare procurant, qui adhuc paganis ritibus involvuntur.

---

[29] *Hickes* hat nach den 15. Runen des Lazius noch ein æ, das Zeichen wäre etwa das runische T, nur die beiden Seitenstriche bis unten verlängert. Wie ist das dazu gekommen? Höchst wahrscheinlich durch einen Irrtum.

[30] Den Codex 64 beschreibt *Denis* I. fol. 141, den Codex 828 aber I. f. 2977, jenen setzt er ins 11te, diesen ins 10te Jahrhundert. Da der Cod. 828 auch nur einen Teil enthält, indem das folgende Blatt fehlt und gerade nur so viel als Lazius, so sollte man meinen, Lazius habe diesen vor sich gehabt, allein es zeigen sich doch, wie man leicht bemerken wird, wieder Verschiedenheiten: X und Z vertauschen ihre Stellen. Goldast und das zweite Alphabet im Codex 64 stimmen zusammen, dagegen Trithem und das erste.

[31] Ich merke hier nur an, dass das Runen-Alphabet, welches *Hickes* thes. I. p. 148 aus der Cotton. Hands. Vitellius A. 12 bekannt gemacht, mit diesem Hrabanischen vollkommen übereinstimmt und daher muss entlehnt sein, weshalb ich auch keine weitere Abbildung davon liefere. Zwar hat es nur das erste und dritte, aber mit Recht, da das zweite von dem ersten nicht verschieden ist; dagegen enthält es noch weiter die nordischen Runen.

Daraus folgen drei wichtige Sätze: erstens; dass dies Alphabet für ein ursprünglich deutsches galt; zweitens, dass nur die, welche dem Heidentum zugetan waren, sich dessen bedienten; und zwar drittens, zu einem besonderen Zweck, um ihre Gedichte, Zaubersprüche und Weissagungen damit aufzuschreiben.

Bevor wir weitergehen, ist erst ein Zweifel zu berücksichtigen. Es drängt sich nämlich die Frage auf: ob dieses Runen-Alphabet auch wirklich von Hrabanus Maurus herrühre? Es lässt sich gar wohl denken, dass ein späterer jenen von ihm aufgestellten Schriftzeichen noch andere vermisste zugefügt habe, und nun könnte man geneigt sein, die Runen, die Hrabanus selbst nicht gekannt oder geachtet habe, als einen solchen Zusatz zu betrachten; überdies wird sich hernach bei den Isidorischen Runen zeigen, dass ein ähnlicher Fall wirklich einmal stattgefunden. Hierzu kommt das fehlerhafte, ganz barbarische Latein der voranstehenden Bemerkung, wie es Hrabanus in diesem Grad nicht geschrieben hat. Indessen ist auf der anderen Seite nicht zu übersehen, dass in wenigstens fünf und dazu unabhängigen Handschriften von den Werken des Hrabanus dieses Alphabet bereits gefunden ist, und offenbar als von ihm herrührend betrachtet wird. Will man nun annehmen, es sei von einem anderen zugefügt, so könnte es dieser möglicherweise aus einem älteren Schriftsteller entlehnt haben, immer aber müsste es schon sehr früh geschehen sein, da jene Handschriften nicht unmittelbar von einander abstammen und einige davon sehr alte sind: mithin wenn auch nicht zur Zeit des Hrabanus, der bis in die Mitte des 9ten Jahrhunderts lebte, doch bald nachher. Dieser Punkt ist aber für uns der wichtigste und nach der ausdrücklichen Verwahrung, dass ich den Zweifel ohne Entscheidung bestehen lasse, will ich das Alphabet in der Folge das deutsche des Hrabanus nennen; weiterhin wird sich noch eine genauere Bestimmung ergeben, wenn wir zu der Frage gelangen: welches Volk unter den Markomannen, denen es ausdrücklich zugeschrieben wird, zu verstehen sei?

Es enthält dreiundzwanzig Buchstaben, ist mithin so vollständig als das Lateinische, insofern vollständiger als es für das *TH* ein eigenes Zeichen hat. Diphthonge wurden damals ausgeschrieben, das *V* und *W* fehlt, über dieses wird hernach etwas angemerkt werden, jenes war überhaupt unnötig, da es auf einem sehr feinen Unterschied beruhte.[32] Was die äußere Gestalt der Buchstaben betrifft, so zeigt sich auf den ersten Anblick eine auffallende Ähnlichkeit mit den nordischen *Runen*, deren Züge im Ganzen nur einfacher sind. Man muss bedenken, dass die nordischen, welche wir kennen, auf Stein eingehauen

---

[32] Deutsche Grammatik, 2te Aufl. S. 135.

oder auf Holz eingeschnitten, die deutschen dagegen mit einer Feder auf Pergament gemalt sind.

Vor einer Vergleichung beider muss ich folgendes über die nordischen Runen bemerken. Es gibt ein doppeltes Alphabet: ein engeres, einfacheres und ein vollständigeres, größeres.

Das *einfachere* besteht aus sechzehn Buchstaben. *A, B, D* oder *TH, F, H, Í, K, L, M, N, Ó, R, Y* (ur), *S, T, Ú*[33] oder nach der alten Ordnung: *F, Ú, TH, Ó, R, K, H, N, Í, Á, S, T, B, L, M, Ý* (ur).

Das *vollständigere* hat außer diesen noch: Ð (*dh*), *D, E, G, P, V*. Man führt auch wohl noch die Diphthonge *Æ, Œ, UE* ein runisches *C, Q, X* und *Z* auf, doch das sind unechte Runen, aus der späteren Zeit. Jene Laute haben indessen kein neues Zeichen erhalten, man hat das einfache Mittel gewählt aus jenen sechzehn einen verwandten Buchstaben herauszunehmen und diesem einen Punkt oder zwei zuzusetzen, weshalb diese Runen (stúngnar rúnir) auch die *punktierten* heißen. Gewöhnlich aber versteht man unter diesem Namen die vier: *E, G, P, V* die durch ein punktiertes *Í, K, B, F* gebildet sind und die nötigsten waren. Der Verf. Der Skálda schreibt ihre Erfindung dem König Waldemar dem Zweiten zu, so dass sie auch wohl *Waldemars Runen* genannt werden, allein mit Unrecht, denn sie befinden sich schon früher auf dem schleswig. Runenstein, den man mit Sicherheit in das Jahr 992 setzt. Auch ein Runenalphabet, das Montfaucon (palaeogr. graeca p. 292) aus einem in Frankreich im Jahr 1022 geschriebenen Codex bekannt gemacht, enthält sie bereits.[34]

Man nennt gewöhnlich das einfachere Alphabet das *alte*, und im Gegensatz das mit den punktierten Runen vergrößerte das *spätere*; es ist auch an sich richtig, nur muss man nicht vergessen, dass schon sehr früh und zu der Zeit, in welche man die ältesten Runensteine setzt, beide nebeneinander bestanden

---

[33] Der Akzent auf den Vokalen bedeutet im Nordischen so viel, als sonst der Circumflex; es ist der breite, gedehnte Laut gemeint. – *D* oder *TH* heißt nur: die media und aspirata werden durch dasselbe Zeichen ausgedrückt, doch mag auf Runensteinen auch die tenuis für die med. gesetzt sein, so wie sie durch eine punktierte ten. bezeichnet wird.

[34] Es steht gleich am Eingang des Buches, ohne weiteren Zusammenhang damit. Ich habe es hier (Tafel III) wieder mitgeteilt, da ich es auch sonst noch nicht berücksichtigt gefunden. Merkwürdig ist die doppelte Aufstellung. Erst die alten Runen in der alten Ordnung (nur für das *TH* ist leerer Raum gelassen); dann das vollständigere Alphabet aber in der Ordnung der lateinischen Buchstaben, die auch darüber geschrieben sind. Ungewöhnlich ist darin, dass das *C* das Zeichen des *S* hat, dafür *S* ein anderes, einen geraden Strich auf einem Zirkel, wie es aber auch im Norden vorkommt. Das *Z* findet sich in Gestalt des lateinischen.

haben, wenigstens in Hinsicht der vier vorhin genannten punktierten Runen. Völlig falsch ist die Behauptung, dass diese erst in der christlichen Zeit seien hinzugefügt worden. –

Unter den alten Runen fehlt das *V*: für die nordische Schrift ein so wesentlicher Mangel als bei dem *E*, da diese Laute ohne Zweifel zu der Zeit, wo man mit Runen schrieb, vorhanden waren; in den Runensteinen ist für jenes ein *U* gesetzt.

Dem nordischen *V* entspricht unser *W*, für welches Ulfilas ein besonderes Zeichen hat; merkwürdig ist es aber, dass analog dem altnordischen in dem deutschen Runenalphabet gleichfalls das *W* fehlt, über welchen Umstand unten noch wird geredet werden. Dass man auch hier das Zeichen des *U* dafür setzte, lässt sich nur vermuten.

9. Vergleichung der deutschen und nordischen Runen

Wir müssen aber beide Alphabete näher vergleichen. Erstlich was die äußere Gestalt betrifft, so findet sich in Hinsicht der alten Runen eine offenbare Übereinstimmung. *B, F, I,*[35] *K* (nämlich das nordische *K* ist mit dem deutschen *C* zusammenzustellen, das deutsche *K*, *chilch*, ist ein eigener Buchstabe, der den Kehllaut *CH* auszudrücken scheint), *L, R, S, T, U, Y* sind völlig gleich. *S* ist nur umgekehrt, wie man es im Norden auch findet, so auch *Y*; bei *H, N* und *O* leuchtet die Verwandtschaft noch durch; von *N* findet sich überdies in den Runenvarietäten (s. die Tafel bei Ol. Worm litt. runica p. 60) ein ganz ähnliches Zeichen. Bloß *A, TH* und *M* scheinen verschieden, doch bei *TH* kann man sich zwei gegeneinander geschobene nordische denken,[36] während das einfache Zeichen (welches jedoch vorhanden war und wodurch man *D* und *TH* unterschied?) nicht aufgeführt ist. –

Dagegen bei den übrigen Buchstaben, die nicht zu jenen sechzehn alten gehören, zeigt sich eine auffallende Verschiedenheit: das deutsche Alphabet hat nämlich, um sie zu erlangen, nicht bereits vorhandene Zeichen punktiert, sondern ganz *neue*, im Geist der Runen gebildet. Nur das *Q* scheint bloß durch Umwendung des nord. *K* oder deutschen *C* entstanden. Diese Verschiedenheit beider Alphabete ist wichtig, denn sie zeigt die *abweichende, eigentümliche Fortbildung auf jeder Seite* und leitet auf den Schluss, dass die Trennung aus der ursprünglichen, durch die alten Runen außer Zweifel gestellten, Gemeinschaft längst muss stattgefunden haben.

Noch bietet sich ein zweiter Vergleichungspunkt dar. Die nordischen Runen haben nämlich eigene *Namen*, doch wohl zu merken, nur die sechzehn alten, die übrigen werden nicht besonders benannt. Sie enthalten jedes Mal ihren Buchstaben, den Vokal in der Wurzel des Worts, den Konsonant im Anfang und bezeichnen sämtlich eine der Betrachtung vor allem nahe liegende Sache, meist Naturgegenstände. Rask nimmt an, dass die Gestalt der Runen selbst

[35] Es ist hier von einem î, û, ô, â die Rede.

[36] Es folgt daraus nicht, dass ein noch weiter verdoppelter Laut solle ausgedrückt werden, wie ja ein *thth* ein Unding wäre. Dagegen scheint, bei der natürlichen Scheu vor neuen Zeichen, das Umkehren und Verdoppeln eines schon vorhandenen ein zwar nicht ganz genaues, doch einfaches und natürliches Auskunftsmittel, wenn ein verwandter Laut soll dargestellt werden. Merkwürdig sind in dieser Hinsicht in dem Leerager Stein (Tafel VIII) die Zeichen pq und ᚦᚦ wahrscheinlich für Linguallaute.

diese Benennungen veranlasst habe,[37] was ich jedoch bezweifle; es wird unten Gelegenheit kommen, etwas darüber zu bemerken.

Glücklicherweise hat Hrabanus auch den deutschen Runen ihre Namen beigeschrieben. Sie sind bei den sechzehn alten größtenteils gemeinschaftlich, nämlich *B, F, H, I, K* (als *C*)[38] *L, M, N, R, U* wahrscheinlich auch *Y* stimmen überein, und *A, TH, O, S, T* weichen ab. Dabei ist nicht zu vergessen, dass auch die Zeichen von *A* und *TH* verschieden waren, und einen besonderen Grund kann es haben, dass bei S und T ein anderer Name vorkommt:

Tag (*T*) könnte gar wohl der Name eines deutschen Gottes sein; so gut als *Tyr* im Nordischen.

Suhil, sugil (*S*) durch Schmuck, Edelstein erklärt (in welcher Bedeutung nämlich die Edda *sigli* gebraucht und im Angelsächsischen *sigel* vorkommt) darf als ein Bild, ein Ausdruck für *Sonne*, und so heißt im Nordischen der Buchstabe, gelten. Ganz verschwände der Unterschied, wenn man *sugil* mit dem gotischen *sáuil* zusammenbrächte, wie merkwürdigerweise beim Ulfilas neben *sunno* noch die Sonne benannt wird.

Für die späteren Runen findet sich, wie ein besonderes Zeichen, so auch ein besonderer Name. Auffallend ist es dabei, dass gerade diese, bis auf *ehu* (*E*), Pferd, und *gibu* (*G*), Gabe, undeutlich und schwer zu erklären sind. Mehr davon bei dem alten Gedicht.

10. Vergleichung der deutschen und angelsächsischen Runen

Weiter halten wir unsere deutschen mit den *angelsächsischen* Runen zusammen. Wir kennen diese vorzüglich durch die Alphabete, die Hickes gr. anglosax. thes. I. p. 135, 136 und thes. III. tab. 3, 4 und 6 aus alten Handschriften bekannt gemacht hat, und wovon die drei wichtigsten unsere Tafel III. enthält. Das erste aus einer Cotton. Handschrift (Otho B. 10) wird von einem angelsächsischen Gedicht begleitet, das die Namen der Runen erklärt und seiner

---

[37] In der schwedischen Ausgabe seiner isländischen Grammatik. Stockh. 1818. Auch Ol. *Worm* litt. run. p. 87, 88 erklärt sie, doch allzu naiv, auf diese Weise. Ein nordisches Gedicht darüber, das er p. 95, 96 hat abdrucken lassen, teile ich in der Beilage (B.) im Original und in einer Übersetzung mit.

[38] Nämlich der Name des deutschen *c. chên, cân* ist höchst wahrscheinlich kein anderer als der für das nord. *K, kón, kaun* (ulcus). – Ebenso scheint der Deutsche für *Q chòn* derselbe; es erklärt sich aus der nahen Verwandtschaft der drei Buchstaben. In dem Wiener Codex No 277 heißt *Q quirun*, mola, welcher Name hernach bei den angelsächs. Runen sich erklären wird.

Merkwürdigkeit wegen samt einer Übersetzung in der Beilage (A) mitgeteilt ist. Ich habe folgendes zu diesem Alphabet zu bemerken: bei *D* und *M* sind die zwei lateinischen Buchstaben jedes Mal zusammen beigesetzt, was aber nichts anderes andeuten soll, als dass beide Runen in ihrer Gestalt so ähnlich sind, dass eine für die andere könnte angesehen werden. Bei dem Silbenzeichen *ing* steht auf der anderen Seite, wo der Name vorkommen und das Wort wiederholt werden sollte der Schreibfehler *iug*.

ear die 5te Rune vor der letzten bedeutet *auris* und ist ebenso in den beiden anderen Alphabeten geschrieben, sie soll den Diphthonglaut *ea* anzeigen;[39] seltsam aber ist, dass noch ein *tîr* dabei steht (wie im zweiten Alphabet darüber) und auf der anderen Seite *car*. Man würde geneigt sein, darin einen Schreibfehler für *ear* zu sehen, wenn nicht in der Wiener Hands. 277 *zar* vorkäme, was aus jenem *car* entstanden ist, wenn auch, wie unten sich zeigen wird, auf falschem Weg. Es ist die letzte Rune, die das Gedicht erklärt, die folgenden vier berührt es nicht, vielleicht weil sie überflüssige sind.

Die erste von diesen ist ein *Q* und hat den Namen *cweord*. Ungeachtet sie in dem zweiten Alphabet denselben Namen trägt, glaube ich doch hier an einen Schreibfehler; cweord ist im angelsächsischen kein Wort, es muss *cweorn, cwyrn*, mola, heißen: nordisch *qvörn*. Ich beweise es mit der Wiener Handschrift No. 277, wo der Buchstabe richtig *quirun* heißt, das Wort kommt vor bei Ulfilas: *qwairuns*; gl. doc. *zuirn*; gl. blas. *kwirn*; im plattdeutschen noch heute *qwern* für Mühle (bei Dähnert); in einer alten Urkunde bei Pistorius III. 578 *quirnaha*, d. i. Mühlbach. –

Die nächste Rune ist *K* wie sie im zweiten Alphabet ausdrücklich bezeichnet wird, hier steht es nicht dabei; es ist das vorige Zeichen nur umgekehrt. Beide Buchstaben *Q* und *K* sind im angelsächsischen eigentlich überflüssig, ihr Laut wird durch *C* bezeichnet, das nämlich nicht wie das lateinische *C*, sondern wie ein *K* ausgesprochen wird. –

Hierauf folgt die Rune *stân*, d. h. Stein, lapis, sie steht wohl für den Zischlaut des starken *S: TS, Z*; er ist härter als *S* und weicher als unser *Z* und wird durch das *Z* beim Ulfilas und noch in der Sprache des Mittelalters bezeichnet;[40] doch scheint sie auch als Abbreviatur gebraucht zu sein.

Endlich die letzte Rune *gâr*, d. h. jaculum, scheint ein härteres *G* neben dem weichen der Rune gyfu und dem *J* der Rune jer anzuzeigen. –

Im zweiten Alphabet aus einer anderen Hs. derselben Bibliothek (Domitian A. 9) sind größere Verwirrungen vorgefallen. Die Rune *I* hat einen falschen Na-

---

[39] Über die Bedeutung von *ear* wird unten ausführlicher geredet.

[40] Ich kehre zu der einfachen Ansicht zurück, dass durch die Rune *stân* nichts als ein ST soll bezeichnet werden.

men: *eac*, sie muss unbezweifelt *îs* heißen, dagegen gebührt jener Name richtig geschrieben: *eoh* der bald darauf folgenden, die hier fälschlich *sigel* heißt. Sigel nämlich bezeichnet das *S*; dies ist aber durch einen Schreibfehler ausgelassen und an seine Stelle, die letzte in dieser Reihe, ein *R* gesetzt, offenbar falsch, da dies schon vorher auf dem fünften Platz vorkam und *râd* heißt; endlich steht auch das lateinische *S* unter dem falschen *R*.

Weiter: die vorletzte Rune dieser Reihe, ein *X*, ist ohne Namen gelassen, er ist aber *eolx*, *iolx* und durch die Schuld des Schreibers herabgefallen in die zweite Reihe auf das *K*, das aber gar nicht so heißen kann, vielmehr, wie wir aus dem ersten Alphabet sehen, namenlos ist.

Die dritte Rune der zweiten Reihe *E* hat fälschlich den Namen *êthel* bekommen, sie heißt *eh* und *êthel* gehört der achten Rune zu, die hier *OE* bezeichnet ist (wie im ersten Alphabet), um das in den Laut des *E* hinüber spielende *O* zu unterscheiden von dem vollen und breiten der Rune *ôs*. Der Name *pro*, den die Ethelrune hier führt, ist sinnlos. Auch ist mir dunkel, was das über der Rune *jor* noch stehende Wort *orent* soll.

Dies Alphabet hat noch eine Rune mehr als das vorige, welches nur 33 enthält, nämlich die letzte, *calc* (sandalium?) genannt, die einen zu *K, Q* und *G* gehörigen Kehllaut bezeichnet. In dem dritten Alphabet hat sie gerade das Zeichen, welches das *K* in dem zweiten hat, und welches wir in dem ersten, wo es gleichfalls hinter *Q* steht, auch für ein *K* halten mussten. – Dieses dritte findet sich in einer Handschrift gleichfalls der Cotton. Bibliothek (Galba A. 2) wo mehrere Runen-Alphabete aufgezeichnet sind, die sämtlich Hickes Thes. III. Tab. VI. bekannt gemacht hat.

Bei *P* ist der Name unvollständig geschrieben: *peo.ih*, es scheint mir ein *r* ausgelassen und *peorch* zu lesen. *êthel* ist in doppelter Form aufgeführt und hat mit *dåg* die Stelle getauscht. Auch findet sich hier ein *Z*, ohne Namen und offenbar aus dem lateinischen Alphabet zugefügt, wie schon die den Runen ganz fremdartige Form beweist. –

Außer diesen dreien hat Hickes Tab. II. (Nr. 8, 9, 10, 11) noch andere, in Handschriften entdeckte angelsächsische Runen-Alphabete mitgeteilt. Sie enthalten bloß die Zeichen und stimmen darin im Wesentlichen mit jenen überein; ich habe einige Varietäten daraus in die vergleichende Übersicht (Tafel IV) aufgenommen. Ein anderes aber mit fremden Namen steht auch tab. III. In jener Handschrift Galba A. 2 trifft man noch eins an mit Varietäten und Silbenzeichen, die ohne Zweifel spätere Zusätze sind; für unseren Zweck ist es unnötig, die Untersuchung darüber auszudehnen. In eben dieser Handschrift, wo es offenbar Absicht war, die verschiedenartigen Runen-Alphabete, wohl alle bekannte, zusammenzustellen, findet sich ferner eins, dem eigentlich und noch sichtbar die Runen zugrunde liegen, die aber absichtlich entstellt sind, um scheinbar neue Buchstaben zu liefern. Dies ergibt sich klar aus seiner Zusammenstimmung mit denselben Zeichen, die *Hickes* I. p. 168 aus einer anderen Handschrift schon bekannt gemacht hatte, dort steht ausdrücklich eine Nachricht von dem Erfinder daneben: subito ex machinatione mentis suae formavit eas litteras. Zum dritten Mal kommt dieses seltsame Alphabet vor aus einer Oxforder Handschrift bei Hickes thes. III. tab. II. No. 11. Wir können hier ganz darüber hinausgehen. Merkwürdig ist aber, dass in jener Hs. Galba A. 2 nach der angelsächsischen zugleich auch die *nordischen* Runen angegeben sind, und zwar die sechzehn alten in ihrer Ordnung und mit ihren Namen (*TH* demnach *thurs* und *S sôl*) und dahinter die späteren; auch enthält sie einen lateinischen Spruch mit nordischen Runen geschrieben, gleichsam als Probestück. Auch die Inschrift aus der Handschr. Caligula A. 15 gehört hierher. In der Handschrift Galba A. 3 kommt gleichfalls das nordische Alphabet vor, aber in der heutigen Ordnung mit den punktierten Runen, doch ohne Namen; hierher gehören auch die Alphabete No 1, 4, 6, 7 auf der zweiten Tafel bei Hickes. Es ergibt sich daraus, dass die Angelsachsen den Unterschied beider Alphabete gar wohl kannten.

Diese Bemerkungen konnten nicht in eine Vergleichung der deutschen und angelsächsischen Runen fallen, und mussten vorangehen. Es ergibt sich aber aus dieser sogleich eine noch größere Ähnlichkeit als mit den nordischen Runen und man kann, im Ganzen betrachtet, beide Alphabete für eins und dasselbe ansehen. Erstlich was die *Zeichen* selbst angeht, so stimmen von den sechzehn alten Runen nicht nur *B, F, I, L, R, S, T, U* (darin also alle drei Alphabete) zusammen, sondern auch *A, M, N* und *O*, wofür das nordische ein völlig oder zum Teil verschiedenes Zeichen hat. Dagegen die übrig bleibenden *TH, H* und *V* sind auch hier im deutschen und angelsächsischen verschieden, doch gilt von dem *Th* was vorhin dem nordischen gegenüber bemerkt ist: es scheint nur ein verdoppeltes Zeichen.

Die anderen Runen sind im Angelsächsischen gleichfalls, nicht durch punktierte alte, sondern wie im Deutschen durch *eigene* Zeichen ausgedrückt. Hier könnte man noch einige Verschiedenheit sehen: das *K* (als *C*) hat an der deutschen Rune den Strich aufwärts, wie das nordische *G*. Dagegen das deutsche *G* ist ein sechseckiges Kreuz, dem nordischen Hagall ähnlich, im angelsächs. ein einfaches; doch finde ich auch dort als Varietät das sechseckige. Jene Unterschiede aber verschwinden in dem zweiten von Hrabanus mitgeteilten Alphabet. Übrigens muss ich hier bemerken, dass in diesem Alphabet die Gestalt von *K* und *R* befremdend ist. Jene muss durch einen Irrtum, vielleicht des Schreibers, entstanden sein, diese aus Nachlässigkeit: die Biegung der zweiten Linie wurde übersehen und somit kam die Form des runischen *U* heraus; dies ist umso sicherer anzunehmen, da gerade *R* zu den Runen gehört, die keine

Varietäten zeigen, sondern überall in derselben Gestalt hervortreten. Zweifel über *X* und *Z* in diesem Alphabet werden in der Folge schicklicher geäußert werden.

Wir müssen noch die *Namen* vergleichen. In Hinsicht der alten Runen findet ein ähnliches Verhältnis wie bei den Zeichen statt. Nämlich *B, E, H, I, K* (als *C*), *L, M, N, R, U, Y* stimmen überein, werden also in allen drei Alphabeten auf gleiche Weise benannt. Ferner auch *A, S, TH*, in dem deutschen und nordischen verschieden, haben im deutschen und angels. denselben Namen, so dass sich beide darin dem nordischen entgegenstellen. *T* heißt hier *tac* und trennt sich insofern von dem nordischen und angels., allein es ist zu beachten, dass eine angelsächsische Rune, mit dem Zeichen des deutschen *thorn*, gleichfalls *dåg* heißt, und wahrscheinlich das *D* im Gegensatz zu *TH* bezeichnet; es könnte also hier eine Verwechslung der Namen statt gefunden haben, indem im Deutschen die media nicht unterschieden wurde. In Hinsicht des *O* ist zu bemerken, dass es zwar das Zeichen vom angelsächs. *ôs* (welches das volle *ô* ausdrückt, daher es auch in den gleich näher zu beschreibenden St. Galler Runen oo bezeichnet wird), dagegen den Namen *ôthil* von dem zum *E* sich neigenden *O*, im Angels. *êthel* hat. –

Was die späteren Runen betrifft, so stimmt *E* und *G* überein, die anderen *chilch, perch, helahe* und *ziu* stimmen nicht, sind aber überhaupt in ihrer Bedeutung dunkel; in *ziu* könnte der eigentliche Name der tenuis stecken, dem angels. *tî* entsprechend,[41] denn das Zeichen ist als *Z* verdächtig, wovon unten mehr vorkommen wird.

11. Runen-Namen in einer Handschrift zu Wien

In einem Wiener Codex aus dem 10ten Jahrhundert No. 277 f. 39, welcher eigentlich die Briefe des *Bonifacius* enthält und welchen Denis I. 1002b beschreibt, werden die bloßen Namen der Runen angegeben. Sie können erst unten näher beleuchtet werden, doch müssen wir hier schon Kenntnis davon nehmen. Sie lauten folgendergestalt:

asc. berc. can. donr (l.dorn). ehu. feli (l. feh). gip. hagal. is. ker. lagu. man. not. os. pert. quirun. rat. suigil. tac. ur. ilc. ian. zar.

41 Nach der Bemerkung in der deutschen Gr. 2te Auflage S. 151.

12. Runen in einer Handschrift zu St. Gallen

Wir wenden uns jetzt zur Betrachtung zweier Runenalphabete, die sich in einer St. Galler Pergamenthandschrift vom 10ten Jahrhundert[42] erhalten haben. Eine Abbildung liefert Tafel II. Sie folgen unmittelbar aufeinander, wie bei dem Hrabanus, und ebenso sind auch dem zweiten keine Namen beigeschrieben. Dagegen zeichnen sie sich von jenen in verschiedenen Rücksichten aus. Das zweite schon dadurch, dass es von einigen Buchstaben Varietäten liefert, bei *G* hat es fast ganz dasselbe Zeichen zweimal, bei *S* ein etwas Verschiedenes. Sodann ist das erste (nicht aber das zweite), sehr merkwürdig, in der *alten Ordnung* der Runen, die mit *F* anfängt und mit *Y* schließt, (s. oben S. 32) aufgestellt. Für den Norden geht sie hervor aus der Ordnung der alten Gesetze, dem Sonntagsbuchstaben und der güldenen Zahl. Zwar sind hier die neuen Runen hineingerückt, allein nimmt man sie heraus, so stellt sich jene Ordnung wieder dar, außer dass *M* vor *L* steht, und *A*, das vor *S* seinen rechten Platz hat, hier den vorletzten einnimmt. Die Rune *chilch* hat das Hraban. Alphabet allein, hier findet sie sich nicht wieder, dagegen sind diese in anderen Stücken reicher. Es ist darin ein dreifaches *T*, aspriata, media und tennis, nämlich *thorn TH*, *tag* (l. dag) *D*, und *tî T*; und zwar, wie man aus der vergleichenden Tabelle sehen kann, mit Verwechslung der Zeichen, nämlich was hier *tag* heißt steht im hraban. Alphabet als *thorn* usw. Ferner ist darin ausgedrückt: das einfache *A asc*, und ein eigenes *O ôdil*,[43] (denn *âc* und *oos* bezeichnet das breite oder doppelte), so wie ein dünnes *I ih*, welches fälschlich als *K* aufgestellt ist.[44] Ferner die Silbe *inc*; ein Laut, der zwischen dem *I* und *G* liegt, *J*, wie der Name der Rune schon ausweist: *gêr*, bei Ulfilas, *jêr*, Jahr; das bei Hrabanus vermisste *W*; endlich ein Zeichen, das

---

42 No. 270 in 4to pag. 52 unter anderen Dingen. Hr. Prof. *Mone* hat sie dort entdeckt und mir zu freiem Gebrauch freundschaftlich mitgeteilt.

43 Der Laut von *ôdil* macht Schwierigkeit. Das hochdeutsche Wort ist *uodal, uadal*, und insofern kein Zweifel, dass es *uo*, *ua* bezeichnen müsste, in keinem Fall das *ô* der *ôsrune* sein könnte. Jenes *uo* entspricht aber dem gotischen *ô*, so wie dieses wiederum die Gestalt der *ôdilrune* hat. Vergl. darüber die deutsche Gr. S. 39 und 94. Dagegen steht jedoch, dass wir bei der sonstigen Verwandtschaft der St. Galler und der angels. Runen auf diese zurücksehen müssen, und hier ist die Bedeutung *E, OE*, da die Rune *êthel, oethel*, heißt, gewiss. Ferner in dem Leerager Denkmal wird (Tab. VIII) das lesbare Wort *rûnor* mit *ôdil* geschrieben, mithin ist *o* nicht *ô* gemeint, ebenso in dem Norweger Stein (Tab. VIII) *thoran*, welches kein *ô* hat, dagegen aber auch *ton* für *tûn*. Die Schreibart eines Runensteins entscheidet freilich nicht viel.

44 Den Beweis davon, der nicht unwichtig ist, liefert die folgende Anmerkung.

Z sein soll und *aer* genannt ist, auf welches wir unten zurückkommen werden. – Außer dem vorhin angezeigten Fehler bei der Rune *ih* ist noch anzumerken, dass das *Y* fälschlich in dem ersten St. Galler Alphabet durch ein *Q* bezeichnet ist; das *W* aber, wegen seiner dem *D* ähnlichen Gestalt in dem zweiten (nach dem Lateinischen geordneten), wirklich neben das *D* gestellt und als ein solches bezeichnet ist, gleichsam als eine Variante.[45]

---

[45] Unmittelbar auf die beiden Alphabete folgt in der St. Galler Handschrift noch folgendes:
iis-runa dicuntur quae . | . litterâ per totum scribuntur, ita ut quotus versus sit primum brevioribus . | ., quae K (C?) littera sit in versu, longioribus . | . scribatur. Ita ut nomen corvi scribatur his litteris ita:

Lagoruna dicuntur, quae ita scribuntur per l. litteram, ut nomen corvi:

Hahalruna dicuntur istae, quae in sinistra parte quotus versus ostenditur et in dextera, quota littera ipsius versus sit.

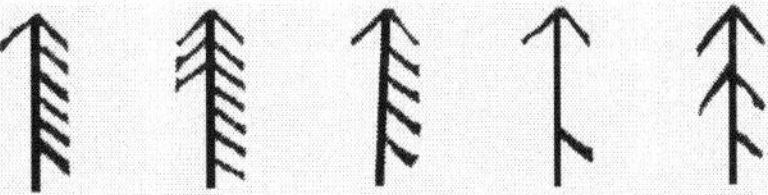

Stofruna dicuntur, quae supra in punctis, quotus sit versus, subtiliter ostendunt

Sed aliquando mixtim illas faciunt, us supra sint puncti, qui litteram significant et subter ordo versus.
Clofruna dicuntur, quae pulsu efficitur distinctis personis et litteris, ita ut primum incipiatur a personis, postea a litteris.

Es ist eine Geheimschrift, die ihren Schlüssel in dem in drei Linien aufgestellten ersten St. Galler Runenalphabet hat. In welcher Reihe der verlangte Buchstabe sich findet und der wievielte er darin ist, wird durch die Anzahl und größere und

13. Runen in einer Handschrift aus Tegernsee

Auf der Bibliothek zu München wird eine dem Kloster Tegernsee ursprünglich zugehörige Handschrift aus dem achten Jahrhundert bewahrt, die ein Runen-Alphabet enthält. Dieses hat Hr. Prof. Radlof in seiner „Schreibungslehre der teutschen Sprache" insoweit bekannt gemacht, als er es mit einer kurzen Anmerkung in die jenem Werk beigefügten „altertümlichen Schrifttafeln" eingeführt hat. Von dem eigentlichen Inhalt der Handschrift, ob das Alphabet damit in Zusammenhang steht, ob dabei die runische Folge beobachtet und die lateinische erst hier angenommen ist, wie man wohl vermuten darf, davon wird nichts gesagt.[46] So viel sich aus dieser Mitteilung ersehen lässt, gehört dies Alphabet in eine Reihe mit dem so eben besprochenen St. Galler.

In den Zeichen selbst ist nur Einiges und zwar Unwesentliches abweichend, so sind z. B. bei dem *H* die Querstriche übermäßig verlängert. Sonst wäre folgendes anzumerken:

Das *A* ist das breite noch mit einem Strich versehene *â, âc* (Eichbaum), das hier den Namen *agcar* (Ecker? Eichel, nord. *ákarn*, got. *akran*) hat.

B heißt *beric*; das angelsächsische *beorc.*

C, *cên*, ist doppelt aufgeführt, als *C* und *Q*, ob auch im Original, muss dahin gestellt bleiben;

---

kleinere Form einer und derselben, wahrscheinlich ganz willkürlich gewählten, Rune ausgedrückt. Um das gegebene Beispiel corvi zu erläutern, so wird, da C in der ersten Linie steht und der sechste Buchstabe ist, die gewählte Rune (hier zuerst die Eisrune, I) einmal klein, dann sechsmal groß hingesetzt. Da O in der dritten Linie den vierten Platz hat, so müsste jetzt die Rune dreimal klein und viermal groß stehen; hier ist aber ein Fehler gemacht, sie steht doppelt, also achtmal, und gar bei der Hahalrune nur siebenmal und bei der Stofrune neunmal. Das Übrige trifft ein und wäre in Zahlen also auszudrücken R=1,5, V=1,2; I=2,3. Das Beispiel ist noch mit L, wie es scheint mit T, obgleich Hahal (Hagal?) unpassend ist und zum H gehört, endlich auch mit bloßen Punkten ausgeführt. Man sieht, wie unbehilflich diese Geheimschrift ist, doch bleibt es immer ein merkenswertes Beispiel von dem Gebrauch der Runen; auch geht daraus der Beweis hervor, dass in der zweiten Reihe die dritte Rune kein K, wie sie in beiden Alphabeten fälschlich heißt, sondern, wie auch ihr Name andeutet, ein I ist und zwar ein einfaches im Gegensatz zu dem ì der Eisrune. – Noch bemerke ich zu den *Stofrunen*, dass Hrabanus Nachricht von einer freilich auch leicht zu entziffernden Geheimschrift gibt, wonach statt der Vokale eine gewisse Anzahl *Punkte* gesetzt, die Konsonanten übrigens beibehalten wurden. I hatte den ersten Platz und einen Punkt, A zwei, E drei, O vier und U fünf. Ein gegebenes Beispiel ist in dem Nouveau traité de Diplomatique P. III. p. 509, 510 erläutert.

[46] Ich habe mich um nähere Nachricht vergeblich nach München gewendet.

ebenso dem *dai* für *dac* (*D*), wenn es ein Schreibfehler ist, zur Last fällt;
heih bei *H* für *hagale* ist ohne Zweifel falsch.
Die Rune *gêr*, (*J*) heißt *kêr* und hat hier den Platz von *K* erhalten, welcher Laut aber der Rune *cên* zugehört;
net (*N*) steht für *nôt*.
S heißt *sil*, welches wohl eine Abkürzung von *sigil* sein soll.
Das *W* fehlt.
Bei *X* ist das angelsächsische *jolx* in das völlig unverständliche *elecd* entstellt; das Zeichen selbst ist wie im St. Galler Codex ein liegendes Kreuz, nur dass noch ein feiner Perpendicularstrich hindurch geht; außerdem ist hier ganz befremdend ein Zeichen, das dem lateinischen *A* gleicht, daneben gestellt.

14. Runen des Beda

Joh. Trithem teilt in seiner Polygraphie[47] ein alphabetum Nortmannorum mit, welches sichtbar Zusammenhang mit den deutschen Runen hat und also von uns nicht darf übergangen werden. Er schreibt es den *Nordmännern in Frankreich* zu und behauptet, dass es durch *Beda* sei überliefert worden. In dieser Eigenschaft findet man es wieder bei *Worm* litt. run. p. 49, bei *Hickes* thes. III. tab. II. und anderen aufgeführt. Beide Angaben wären wichtig, wenn sie Wahrheit enthielten, aber die erste ist eine bloße, leicht zu erklärende Vermutung, die andere ruht, wie ich glaube, auf einem Irrtum. Ich habe in den Werken des heil. *Beda* nichts von diesem Alphabet entdecken können, schwerlich wäre auch eine so wichtige Stelle bis jetzt unbeachtet geblieben. Daher vermute ich, dass es sich folgendergestalt verhält:
Es liegt eigentlich das Alphabet des Hrabanus zugrunde, und dessen Nordmanni sind durch Nordmänner in Frankreich, als die bekanntesten, erklärt, er selbst ist aber mit Beda verwechselt worden. Man wird bei genauer Betrachtung (Tafel I) leicht finden, wie die Züge da, wo sie abzuweichen scheinen, dennoch mit jenen markomannischen verwandt sind. Das *B* ist nur umgekehrt; bei *H* fehlt ein Querstrich; bei *T* ist unten der Strich verlängert und der obere gerade gezogen, wodurch ein dem Geist der Runen fremdes, aus Horizontallinien gebildetes Zeichen entstanden ist. Dagegen als *Z* ist das einfache *T* hingestellt, ein Umstand, der, wie sich unten ergeben wird, von Wichtigkeit sein kann. Übrigens ist auch zu bedenken, dass wir grobe, die Zeichen schon von selbst entstellende Holzschnitte vor uns haben. Auf keinen Fall könnte Beda das *W* in dieser Gestalt gehabt haben, wahrscheinlich fehlte es so gut als bei dem Hrabanus in dem Vorbild, und um diesem Mangel abzuhelfen, setzte

[47] Argent. 1600 p. 594. Zuerst 15.8 fol.

man es zu; dass dafür unser späteres, aus der Zusammensetzung von *UU* entstandenes, Zeichen beibehalten wurde, ist wenigstens nicht sehr geschickt. Das *M* ist vielleicht abgeändert, weil man gesehen, dass es mit dem *TH* beinahe eine Gestalt hatte.

Neben diesen ungünstigen Vermutungen verdient dies Alphabet doch Rücksicht, weil es offenbar nicht aus dem Hrabanus, wie wir ihn kennen, entlehnt ist, sondern ein etwas verschiedenes Vorbild muss gehabt haben. Wenn man die übrigen, namentlich die angeblich altfränkischen Alphabete betrachtet, die in der Polygraphie außerdem mitgeteilt sind, so könnte man keinem die Behauptung verargen, Trithem sei selbst Bearbeiter dieser Runen gewesen, und habe den Hrabanus mit Beda verwechselt. Indessen hat Herr Professor in den schon genannten „Schrifttafeln" diese Buchstaben nicht allein, wie seine Vorgänger, als ein Alphabet des heil. Beda, sondern auch „ebenfalls als Schreibzüge jener Nordmannen" (d. h. der Markomannen des Hrabanus) aus einer Münchner Handschrift aufgestellt. Es finden sich einige Abweichungen von den Zügen bei Trithem, eine wesentliche Veränderung ist aber, dass das *Z* hier als ein *TH* vorkommt, falls sie nicht aus der Anordnung des Herausgebers geflossen ist. Es wäre wichtig, etwas von dem Alter der Handschrift zu wissen, ob sie die Quelle Trithems gewesen, und ob sie selbst auch den Nordmannen dieses Alphabet zuschreibt, allein es ist nichts darüber gesagt.[48]

15. Übereinstimmung der St. Galler und Angelsächsischen Runen

Bei der Vergleichung des hraban. Alphabets mit dem angelsächsischen ist schon eine Übereinstimmung bemerkt worden, sie wird viel auffallender bei den St. Galler Runen, deren sämtliche Eigentümlichkeiten und Abweichungen, der größere Reichtum an Zeichen, welche feinere Unterscheidungen verwandter Laute enthalten, manches Einzelne in der Form der Buchstaben selbst, sich in dem angelsächsischen wieder finden. Man wird dies am besten aus der vergleichenden Tabelle (Tafel IV) sehen, in welcher jedoch die in den Quellen bemerkten Irrtümer verbessert sind. Verschiedenheit machte etwa, dass die Zeichen von *âc* und *asc* verwechselt sind, was ich aber für einen bloßen Schreibfehler halte, das richtige liegt am Tag. Sonst wäre noch anzuführen, dass sich die angelsächsische Rune *stan* im St. Galler Alphabet nicht findet, und die Rune *X* zwar im Namen *elux* mit dem angelsächsischen *jolx*, von dessen Bedeutung noch die Rede sein wird, Verwandtschaft erkennen lässt, im Zeichen aber nicht; vielmehr gleicht sie hierin völlig dem lateinischen *X*.

[48] Ich habe von München her keine Auskunft erhalten können.

Entscheidend aber für die Übereinstimmung mit dem angels. ist der Umstand, dass die *ganze Folge* des St. Galler Alphabets, wonach die alte Ordnung der sechzehn alten Runen zugrunde liegt, die neueren aber hineingetragen sind, dieselbe ist, die wir in den beiden angelsächsischen Alphabeten beobachtet finden.

Zu allem diesem kommt die Ähnlichkeit in dem Gebrauch der Runen und ihrem Verhältnis zu der lateinischen Schrift. Es gibt nämlich kein schriftliches Denkmal der Sachsen aus ihrer heidnischen Zeit, insgesamt heben sie erst nach ihrer Bekehrung zum Christentum an. Die frühesten aber aus diesem Zeitpunkt bedienen sich schon des lateinischen Alphabets und man kennt kein einziges, das mit Runen geschrieben wäre. Hingegen sind in das lateinisch-angelsächsische Alphabet zwei Runen übergegangen: *thorn* (*TH*) und *wên* (*W*), ohne Zweifel weil dafür das lateinische keine Zeichen bot. Diese beiden also kamen nie aus dem Gebrauch, außerdem erhielt sich daneben noch das ganze Runenalphabet, aber in einem eigenen Verhältnis: es galt nämlich als ein *besonderes* und *geheimes*, das nur zwischen der gewöhnlichen lateinischen Schrift, wenn man etwas Verborgenes und Mystisches mitteilen wollte, in Anwendung kam. *Hickes* hat eine solche angelsächsische Handschrift thes. III. tab. IV. V. VI. in einer Nachzeichnung vollständig geliefert, wo Runen untermischt sind. Es werden hier Rätsel z. B. Beschreibung eines Ungeheuers aufgestellt, deren Auflösung runisch dabei geschrieben ist. –

Hält man damit zusammen, was Hrabanus über den Gebrauch des markomannischen Alphabets bemerkt, so sehen wir ein ähnliches Verhältnis. Es wurde von Heiden, also ausnahmsweise, während zu gleicher Zeit daneben das lateinische bei den Christen im Gebrauch war, angewendet und zwar zu heidnischen Zaubersprüchen und Weissagungen, also zu ihren Mysterien. Und das trifft mit der nachgewiesenen Bedeutung des Wortes Rune von Geheimnis, Zauberei, in der germanischen Sprache zusammen. Im Norden waren gleichfalls die Runen auf Grabsteinen, hölzernen Kalenderstäben, Erz und in Stickereien neben der gewöhnlicheren lateinischen Schrift üblich.

16. Abstammung und Verwandtschaft der nordischen, deutschen und angelsächsischen Runen

Wir haben die drei Runenalphabete, das nordische, deutsche und angelsächsische verglichen und ihre Verwandtschaft gefunden. Es entsteht jetzt weiter die schwierige Frage: wie wir uns die Entstehung dieses Verhältnisses und die Abhängigkeit des einen von dem anderen vorstellen müssen? Wir gehen von dem Grundsatz aus, dass das einfachste Alphabet das älteste sei; dem gemäß sind wir genötigt, den sechzehn alten Runen, und zwar nach ihrer eigentümlichen, alten Ordnung, deren Ursache, so viel ich weiß, noch nicht entdeckt ist, den Vorrang zu geben. Man erlaube zuvor einige allgemeine Bemerkungen über dieses Alphabet. Man hat damit angefangen zu untersuchen, ob die Laute, die es enthält, den Lauten der nordischen Sprache, so weit man aus der gegenwärtig noch lebenden und den alten Sprachdenkmälern Kenntnis derselben erlangen konnte, entsprächen. Da sich aber bald gefunden, dass manche, sogar hauptsächliche fehlten, so hat man den Schluss gemacht, die Runen seien ihrem Ursprung nach einer anderen Sprache bestimmt gewesen und nur gewaltsam auf die nordische angewendet worden. Auf diesem Weg gelangt man aber nicht weiter, denn die Sprache für welche sie angemessener sein sollen, findet sich nirgends, wenigstens dass es die deutsche nicht ist, wie *Ihre* auszuführen suchte,[49] wird sehr bald klar. Ich glaube, richtiger geht man davon aus, in den alten Runen die Elemente und Grundlage eines Alphabets zu erblicken, welches jener großen Völkergruppe, die aus Mittelasien sich auf der einen Seite in dem Bereich der Altgriechen, auf der anderen durch das ganze nordöstliche Europa entwickelte, mitgegeben war. Untersuchungen von ganz verschiedenen Standpunkten führen darauf hin, dass eine uralte Gemeinschaft zwischen diesen Völkern gewaltet hat, wovon die Geschichte zwar nur Andeutungen gibt, die aber noch jetzt in Sprachen, Sitten, Gesetzen, religiösen Anschauungen, kurz in allem, was an die unvergängliche Idee geknüpft ist, sichtbar durchbricht. Aus jener Zeit nun, glaube ich, stammt auch die Kenntnis der Schrift, wie wir sie bei all diesen Völkern bemerken.

Noch weiter hinauszublicken, brauchen wir uns hier nicht zuzumuten; wir begnügen uns mit der Annahme, dass jene einfachen Elemente, bei welchen von einer vollständigen Erfassung der Sprachlaute nicht die Rede sein konnte (denn der frühe Ausdruck der Idee sorgt niemals um das Gepräge), allen Glie-

---

[49] De runarum patria et origine, wovon ein Auszug in *Schlötzers* nordischer Geschichte steht.

dern der großen Familie, als sie sich zu selbständiger Fortbildung absonderten, schon bekannt gewesen. Es erscheint hier nicht bloß zufällig, dass das altgriechische Alphabet wie das altnordische nur 16 Zeichen besaß, und keineswegs kann man die Hoffnung eitel nennen, aus Asien weitere Aufklärungen auch über die Runen zu erhalten. Höchst merkwürdig sind in dieser Hinsicht die Inschriften auf Grabsteinen am Jeniseistrom in Sibirien, die *Pallas*[50] bekannt gemacht, und jenes obeliskenartige Denkmal, das man daselbst in einer Steppe zwischen hohen Grabhügeln entdeckt hat: auf der ganzen Fläche des weißen Steins ist Schrift eingegraben, und in dem noch nicht verwitterten Teil kommen Buchstaben vor, die eine nicht abzuleugnende Ähnlichkeit mit Runen haben. Man erkennt sie auch wieder auf einem Gerät, das in einem der alten Hügel[51] dort gefunden war.

Es wäre an sich nicht ungereimt zu glauben, die Deutschen hätten so gut, als die Nordländer, diese ersten Grundzüge der Buchstabenschrift mit aus den asiatischen Stammsitzen gebracht, und beide wären insoweit unabhängig voneinander. Indessen liefert eine genauere Untersuchung das Ergebnis, dass die *sechzehn altnordischen Runen Grundlage der deutschen und angelsächsischen* sind. Es folgt zunächst aus den eigentümlichen Namen, die sie führen. Diese sind, wenn gleich an sich alt, doch ohne Zweifel jünger als die Zeichen selbst und erst im Norden entsprungen. Es wäre möglich, dass sie zum Teil auf älteren beruhten, doch das bleibt immer nur Vermutung und macht hier nichts aus, wo wir uns an die letzte nordische Form halten.

Einige könnten auch falsch ausgelegt sein, so wie man z. B. glauben dürfte, *reid* (*R*) würde besser durch fulmen, was das Wort auch heißt, mit Anspielung auf Thor, den Blitz-Schleuderer erklärt sein, als durch equitatio, welches schon einen abgezogenen Begriff enthält. Die Abhängigkeit erstlich der angelsächs. Namen von den nordischen ist aber klar. Wir finden bei *C* d. i. *K* den Namen *cên* wieder, offenbar das nordische *kon* (*K*): dieses Wort aber ist in dem Angelsächsischen nicht weiter vorhanden. Ebenso verhält es sich mit *ós* (*Ó*) und *ýr* (*Ý*); jenes wird daher in dem altangelsächs. Gedicht durch Mund, nach dem lateinischen *os* erklärt, ganz gewiss aber nicht aus dem an sich nicht verwerflichen Grund, weil beide Wörter ursprünglich eins und dasselbe sein könnten, sondern weil der Dichter das Wort anders nicht verstand. Ein zweiter Beweis der Abstammung liegt darin, dass das angelsächs. Alphabet die alte Ordnung der Runen (mit Einmischung der späteren) beibehalten hat; dies kann für keinen Zufall gelten.

---

50 Neueste nordische Beiträge I. 237 ff.

51 S. die Abbildungen und Beschreibungen in *Strahlenbergs* nordöstl. Teil von Europa. S. 409, 410 und S. 356. Tafel 5.

Für die deutschen Runen folgt die Abhängigkeit gleichfalls aus dem beibehaltenen Namen *chên* (*K*) und *huyri* (*Y*). Beide Wörter kommen, so viel ich weiß, in keinem altdeutschen Denkmal vor und scheinen der nordischen Sprache ausschließlich eigen zu sein; schwer ist es überdies, die Wurzeln davon anzugeben. Auch ist hier wichtig, dass die deutsche Sprache jener Zeit das *Y* nicht nötig hat (wie schon in einer anderen Rücksicht angemerkt ist), dagegen die nordische allerdings, welche durch diese Rune den Laut *ú* (wie im Griechischen) bezeichnete.

Außer dem *K* finden wir in den deutschen Runen auch ein *Q*; das Zeichen ist überflüssig und erst durch fremde Wörter eingeführt, es wurde aber hier wegen Verwandtschaft der Laute der nordische Name des *K* beibehalten, denn es ist schon oben bemerkt, dass *chôn* bei Hraban. schwerlich etwas anderes als *kôn* ist. Sodann lässt sich nur durch diese Abhängigkeit noch eine Eigentümlichkeit erklären, deren auch schon oben gedacht ist, dass nämlich wie den alten nordischen Runen so auch dem Alphabet des Hrabanus ein Zeichen für den Laut des *W* fehlt. Ulfilas hat bereits eins dafür.

An den obigen Satz schließt sich der weitere: *die Runen des St. Galler Alphabets stammen von den angelsächsischen ab*. Man wird ihn leicht zugeben, da der Beweis schon vorhin, wo beide miteinander verglichen wurden, zum Teil geführt ist; es zeigte sich die größte Übereinstimmung, wobei besonders hervorzuheben ist, dass dieselbe eigentümliche *Ordnung*, in welche wir das erweiterte angelsächsische Alphabet aufgestellt finden, auch in dem St. Galler beobachtet ist. Hierzu kommt noch folgendes, was wohl jeden Widerspruch hebt. Die Rune *W* im St. Galler Alphabet führt den Namen *huun*, das ist das unverstandene angels. *wên*, diesem entspricht aber an sich das altdeutsche *wân*, Glaube, so dass, wenn die Rune einheimisch gewesen wäre, *uuân* hätte dastehen müssen. Wollte man inzwischen einen Schreibfehler annehmen, so ist endlich der Name *elux* (*X*) entscheidend. Dies ist kein deutsches Wort, sondern aus dem angelsächsischen *iolx* entstanden und auch *iolx* ist dort nicht einheimisch, sondern höchst wahrscheinlich, wie noch unten wird gezeigt werden, gälischen Ursprungs. Auch die schon oben berichtigten Schreibfehler erklären sich aus dem Missverstand des Originals. Das angels. *C* machte der Schreiber erst zu einem latein. *C*. Da nun kein *K* mehr da war, bestimmte er die Rune *eoh* dazu. Gleichfalls das *Y* (denn die deutsche Sprache braucht den Buchstaben nur in fremden Wörtern, Ulfilas drückt den Laut durch das Zeichen des *V* oder *W* aus) zu einem *Q*, das auch nicht vorhanden war. Endlich wurde das *W* seiner äußeren Gestalt wegen in dem zweiten St. Galler Alphabet für ein *TH* genommen. –

Hier werden auch die Runen-Namen der Wiener Handschrift 277, die oben (siehe Kapitel 11) mitgeteilt sind, wichtig. Sie zeigen den angelsächsischen

Ursprung ganz deutlich, wobei man zugleich erwägen muss, dass sie sich in den Werken des angelsächsischen Priesters Bonifacius befinden. Der Schreiber hat die Runen in die lateinische Buchstabenordnung eingepasst. *Gêr* (*J*) hat müssen an die Stelle von *K* treten, aus *iolx* ist *ilc* geworden, *ian* vielleicht aus *yr* entstanden, das auffallendste bleibt aber das letzte *zar*. Das angelsächsische hat kein eigentliches oder runisches *Z*, nun hat der Schreiber die Rune, die wir im Angels. auch *câr* genannt finden, als *zâr* dafür hingestellt, indem er nämlich aus Irrtum das angelsächsische *C*, das wie *K* lautet, so aussprach, wie nach moderner Weise wir das lateinische *C* aussprechen, also wie ein *Z*.[52] Auch das Münchner Alphabet ist angelsächsischen Ursprungs. – Es ist nichts wahrscheinlicher, als dass es angelsächsische Priester waren, die diese Runenalphabete herüberbrachten. Auch sehen wir im Hildebrands-Lied das angels. *W* eingeführt und im Weßobruner Gebet die angels. Abbreviatur für *und* gebraucht.[53]

Auf diese Betrachtungen gestützt, könnte man der Meinung geneigt sein, die Deutschen hätten erst durch die Angelsachsen die Runen kennen gelernt; die Angelsachsen aber sie aus dem Norden erhalten, zu der Zeit, wo sie überhaupt sich der Schrift zu bedienen anfingen; darauf das Empfangene erweitert und in dieser Gestalt den Deutschen überliefert. Allein es ist gewiss, dass die Angelsachsen, bevor sie das lateinische Alphabet annahmen, schon die Runen kannten und gebrauchten; es geht daraus hervor, dass sie, wie schon bemerkt ist, zwei derselben, *thorn* (*TH*) und *wên* (*W*) beibehielten und in das lateinische Alphabet aufnahmen. Ferner, dass wir bei ihnen die alten auf Runen sich beziehenden Ausdrücke, *staef* (Pl. *stafar*), *writan* und *bòc* finden, da sie sonst die lateinischen: littera, scribere, liber, (gleich den Ersen), würden aufgenommen haben.

Hierzu kommt, dass unter den vier Runenbuchstaben, die wir bei dem Ulfilas entdeckt, zwei sind, die sich nur in dem deutschangelsächsischen, nicht im

---

52 Die älteste Nachricht von der Aussprache des lat. C als Z findet sich in einer Stelle des *Isidor* (vgl. K. L. Schneider lat. Gramm. I. S. 247). Das Zeugnis, das aus unserer Bemerkung sich ergibt, ist zwar später, verdient aber doch berücksichtigt zu werden. Dagegen die Angelsachsen hatten, als sie das lateinische Alphabet annahmen, noch den richtigen Laut von *C* empfangen, indem sie selbst *ci* wie *ki* nicht wie *zi* aussprachen.

53 Wenn daher *Bonifacius* sagt, er habe mit *vaterländischen Buchstaben* (paternis litteris) geschrieben, so ist ohne Zweifel das lateinisch-angelsächsische Alphabet gemeint. Dass man sich dessen auch neben dem gewöhnlichen zu St. Gallen bediente, ist gewiss, man hatte dort, nach dem alten Katalog, fünfundzwanzig Hss. dieser Art: libri scottice scripti. *Ildefons von Arx* Gesch. von St. Gallen I. 190. Note b. 191. Note *e*.

nordischen Runenalphabet finden, nämlich *ôthil* (*O*) und *wên* (*W*). Bedenken wir endlich, dass die Stelle des Venantius Fortunatus das Dasein der Runen in Deutschland bezeugt, und die eigentümlichen Ausdrücke *rûna, rûnstab, riz, rizan* in der alten Sprache vorkommen, so wird es schon durch äußere Zeugnisse höchst wahrscheinlich, um nicht zu sagen gewiss, dass die Sachsen vor ihrer Landung in England, bereits in *den deutschen Stammsitzen*, die Runen kannten.

17. Runen bei Isidor

Wollte man diese Gründe auch sämtlich beiseite setzen und jene Meinung von dem unmittelbaren Übergang der nordischen Runen nach England fest halten, so müsste man eine solche Mitteilung doch natürlicherweise in die Zeit setzen, wo die Dänen wirklich festen Fuß auf den britischen Küsten fassten. Dies geschah aber erst im Anfang des neunten Jahrhunderts, wo sie in größeren Zügen herüberkamen und einen dänischen Staat in Northumberland gründeten. Man müsste voraussetzen, damals sei das nordische Alphabet mit herübergebracht und Grundlage des hernach vervollständigten angelsächsischen geworden. Dagegen steht nun, dass wir bereits in einer Handschrift des neunten Jahrhunderts beide, die nordischen und angelsächsischen Runen, in ihrem ausgebildeten Gegensatz aufgezeichnet finden. Eine St. Galler Handschrift (Nr. 878 S. 321) aus dieser Zeit enthält nämlich diese beiden schon ihres Alters wegen sehr merkwürdigen Alphabete, wo sie in *Isidors* Tractat de accentibus, de posituris, de literis dem hebräischen und griechischen beigefügt sind.[54] Ich liefere die erhaltene Nachzeichnung Tafel II.

Zuerst kommt das *angelsächsische*, das angelische, anguliscum, genannt; es endigt mit der zweiten Linie und enthält dieselben Zeichen, ja merkwürdigerweise auch schon dieselbe Folge und Ordnung, die wir in den aus angelsächsischen Handschriften entnommenen Alphabeten (Tafel III) finden. Dies fällt sogleich bei einer leichten Vergleichung in die Augen; ich will nur Folgendes zum Einzelnen anmerken:

Auf der ersten Zeile die dritte Rune ist ohne Zweifel ein *thorn* (*TH*), nur fehlt der untere schließende Strich und ist wahrscheinlich verblichen; die neunte ist ebenso gewiss *hágl* (*H*), es mangelt, wohl aus gleichem Grunde, ein Stück

---

[54] Hr. *Prof. v. d. Hagen* redet davon in seinen Briefen in die Heimat I. 155, 158. Ich habe eine Nachzeichnung durch freundschaftliche Vermittlung des Herrn Prof. *Mone* von der Güte des St. Galler Geschichtsschreibers Herrn *Ildefons von Arx* erhalten.

von dem zweiten Hauptstab. Wirklich fehlerhaft gezeichnet ist dagegen die vorletzte Rune dieser Linie, *eolx*, vermutlich durch die Schuld des Abschreibers, sie darf nur nach obenhin die beiden Seitenstriche ausstrecken und die herunter zu gehenden (welche sie der Rune *ior* ganz ähnlich machen) sind zu löschen. Die dritte Linie gehört eigentlich nicht mehr zum Alphabet, sie enthält zwar ein paar dort nicht aufgeführte Runen, doch die anderen sind schon da gewesen, außerdem findet man die einzelnen bei näherer Betrachtung großenteils doppelt. Die 1ste und 10te, die 2te und 9te, die 4te und 12te, die 5te und 8te sind ganz gleich. Die 1ste und 10te ist wohl die angels. Rune *gâr*. Die 2te und 9te ist merkwürdig, sie entspricht zunächst keiner in dem angels. Alphabet, gleicht aber den aus der St. Galler Hands. vorhin mitgeteilten Geheimrunen und zwar den so genannten Hahalrunen, wo nämlich dem *T* noch mehr Querstriche angehängt werden. Die 4te und 12te ist *âc*. Der sechste Buchstabe scheint keine Rune, sondern nichts anderes, als das lateinische *K*. Das siebente Zeichen kann ich in der Zeichnung nicht recht erkennen.

Unmittelbar auf das anguliscum folgt in der Hands. das Abecedarium nord. wie es heißt. Wir erkennen auf den ersten Blick die alten *nordischen* Runen. Schade, dass die Tinte an verschiedenen Stellen verblichen oder die Schrift abgenutzt und unleserlich ist. Es ist umso mehr zu bedauern, da zugleich die Namen und einzelne Worte angefügt sind. Man bemerkt sogleich, bis auf eine einzige hernach näher zu bezeichnende Versetzung, die *alte nordische Ordnung:*

Zuerst also *F* mit dem Namen *feu*, das nord. *fé*, mit der angelsächsischen Form *feoh* übereinstimmend.

U, *úr* ist deutlich.

TH, *thuris*, das ist das nordische *thurs*, wohlzumerken: nicht das abweichende angelsächsische *thorn*. –

Ó, *ós* ist klar;

bei *R*, der Name nicht ganz deutlich, doch lese ich *rât*, was der angels. Form, nicht der nordischen (*reid*) entspräche. –

Es folgt *K*, das Zeichen ist sichtbar, ich vermute auch, dass der Name *kaun, kên*, da gestanden hat; zwar liest man scheinbar *bau*, es mag aber kein *b* sondern ein *k* sein, dessen aufwärts gehender Strich verblichen ist. –

H, *hagal*, das Wort in der vollen Form, nordisch *hagall*. –

Bei *N* ist der Name halb verlöscht, doch das n noch sichtbar, ohne Zweifel hat *nôt* dagestanden. –

Í, *ís*, und *Á*, *ár*, vollkommen deutlich. –

Bei *S* fehlt der Name.

Von *T*, das richtig folgt, ist nur noch der Hauptstrich sichtbar. –

Bei *B* ist der unten schließende Querstrich abgeblasst, den Namen *berc* lese ich noch durch. –

Jetzt müsste die Reihe an *L* kommen, es steht aber erst *M*, so dass diese beiden Buchstaben die Plätze gewechselt haben. Außerdem hat *M* hier eine von der gewöhnlichen abweichende, doch aber nicht unbekannte Gestalt, die ursprünglich dadurch entstanden scheint, dass die beiden Arme oben zusammengebogen sind. Nur müsste der Hauptstrich ganz durchgehen, was hier, vielleicht weil das fehlende Stück verblichen, nicht der Fall ist. Übrigens gibt Worm diese Varietät in der mehrgenannten Tafel verschiedentlich an. Der Name der Rune, *madr*, fehlt –

L, *lago*, und *Ý*, *ýr* sind richtig. Wir finden also genau die *sechzehn alten Runen* mit ihren besonderen Benennungen, und ein so altes Zeugnis für dieses Alphabet muss an sich schon von Bedeutung sein. Von den vier *punktierten* Runen kommt nichts vor.

Zwischen den Reihen bemerkt man *einzelne Runen* eingezeichnet. Diese sind wiederum *angelsächsische*. Was die vier, die Zeichen von *wên, rât, ear* und *peord*, die gleich unter F stehen, hier sollen, errate ich nicht; dagegen bei den übrigen ist die Absicht klar. Sie stellen einige entsprechende, angelsächsische Zeichen neben die nordischen, also bei *H, Á* und *Ý* das in der Form abweichende, bei *N*, wie es wirklich ist, das übereinstimmende. Mit diesem Umstand bringe ich einen anderen in Verbindung: bei einigen Runen-Namen ist nicht die nordische, sondern die angelsächsische Form des Worts (insofern es nämlich an sich dasselbe und beiden Sprachen gemeinschaftlich war, denn das nordische *thurs* ist nicht in das angelsächsische *thorn* abgeändert) angegeben, also bei *F, R* und *L* steht nicht *fé, reid, laugr*, sondern *feu, rât, lago*. Und nun mache ich den Schluss, dass diese Alphabete ursprünglich von einer angelsächsischen Hand aufgezeichnet sind.

Noch sind die einzelnen Worte zu berücksichtigen, die hinter den meisten Runen-Namen stehen und wovon nur ein Teil leserlich ist. Hinter *Ú*, *úr*, steht ganz deutlich *after*, und darum vermute ich, dass das hinter *F* stehende Wort *fornan* der Gegensatz davon sein soll. Bei *K* ist *thanne* zu lesen, bei *N* deutlich *habet*, was nicht lateinisch, sondern althochdeutsch ist: possidet. Bei *S* und *M*, wo die runischen Namen fehlen, kann man jedes Mal die Copula *endi*, und, abnehmen, bei *L* deutlich: *ih, du*. – Was sollen diese vereinzelten Worte? Eine Erklärung der Namen, was an sich der natürlichste Gedanke wäre, enthalten sie offenbar nicht. Es scheinen, wenigstens in Beziehung auf das Alphabet selbst, nichtssagende Zusätze eines Abschreibers zu sein; ohnehin, da sie bei *Í, Á, B* fehlen, darf man glauben, dass sie nicht notwendig zur Sache gehören.

Wie oben gesagt ist, stehen beide Alphabete in einem Traktat des *Isidor*. Rühren sie wirklich von dem spanischen Bischof her, der bereits im Jahr 636 starb? Sie wären in diesem Fall schon ihres hohen Alters wegen äußerst wichtig und ohne Zweifel die älteste Runenschrift; gleichfalls müssten sie als die einzigen Überbleibsel der westgotischen Sprache betrachtet werden. Soviel ist zuvor gewiss, in der Gestalt, in welcher sie vor uns liegen, können sie nicht von Isidor herrühren: die vorhin besprochenen Worte enthalten durchaus althochdeutsche Formen des 9ten Jahrhunderts, wie sie sich bei Otfried, Notker und Kero finden. Wollte man diese aber für den Zusatz eines alemannischen Abschreibers ausgeben, so zeigen doch die Runen-Namen selbst nichts gotisches, sondern wo sie von der nordischen Form abweichen, gehen sie in die angelsächsische oder althochdeutsche über, wie schon vorhin angemerkt ist. Endlich muss man bedenken, dass zu Isidors Zeit die gotische Sprache bereits von der romanischen ganz mag unterdrückt gewesen sein, und der Bischof, wenn er noch davon Kenntnis gehabt, ohne Zweifel bei dieser Gelegenheit des etwaigen westgotischen Alphabets würde gedacht und zur Vergleichung es daneben aufgestellt haben. Ich glaube demnach, dass beide Alphabete von einem Angelsachsen abstammen, aber von einem alemannischen Schreiber aufgezeichnet oder überarbeitet sind, wenn man so sagen darf, denn wahrscheinlich verstand er nichts davon.
Diese Ansicht wird völlig bestätigt durch das Runen-Alphabet, das in einer anderen, gleichfalls „sehr alten" (genauer kann ich mich nicht ausdrücken) Handschrift dem Traktat Isidors beigefügt ist.[55] Es enthält nämlich nicht jene beiden, die in der St. Galler Handschrift vorkommen, sondern lediglich das angelsächs. Runen-Alphabet und zwar in einer so fehlerhaften Auffassung, dass man auch hier glauben muss, der Schreiber habe es nicht verstanden. Man findet eine etwas verkleinerte Nachzeichnung Tafel II. Im Einzelnen merke ich folgendes dazu an: *than* bei *TH* ist bloßer Schreibfehler für *thorn*; bei *R* ist *râd* zu lesen. *geuo* für *gebo* scheint auf eine niederdeutsche Form zu deuten. Bei *W* ist *uung* Schreibfehler für *uuên*; bei *H* ist vollständig *hagall*, bei *N nôt* zu lesen. Bei *gêr* ist der Name in doppelter Form angeführt, aber nicht das Schriftzeichen selbst. *I* heißt fälschlich *inc*, es müsste *ih, eoh*, da stehen; jener Name gebührt einem Silbenzeichen, von dem gleich etwas wird gesagt werden; *tî* bei *T*, wie in der St. Galler Hs. ohne das Geschlechtszeichen; *per* bei *P* soll wohl *perd* heißen, – *ilix* ist das schwierige *iolx*, *X*, statt

[55] Die Handschrift wurde zu Paris aufbewahrt, ist aber vielleicht gegenwärtig wieder nach Antwerpen, woher sie gekommen war, zurückgekehrt. Ich verdanke die Mitteilung dieses Alphabets der Güte des Herrn Geh. Cab. R. *Kopp*, der es dort entdeckt und abgezeichnet hat.

des Buchstaben selbst steht unten ohne Sinn *il;* – *het* bei *E* unrichtig für *eh, ech.* Statt *lag* bei *L* ist zu lesen *lago.* Jetzt soll das Silbenzeichen *inc* folgen, das hier *hinc* geschrieben ist, es ist aber mit dem Zeichen von *ôdil* verwechselt, so dass beide, wenn es richtig sein soll, ihre Stellen tauschen müssen. Bei *âc* ist der Name nicht mehr lesbar; die folgenden Buchstaben sind ausgeschnitten. Bei der vorletzten Rune soll das, was als *ev* sichtbar ist, ohne Zweifel das angelsächsische *ea, ear*, sein.

18. Markomannische Runen

Nachdem der Weg so weit geebnet ist, dürfen wir nach jenem gemeinschaftlichen, von den Sachsen mit nach England genommenen Alphabet fragen. Sollte es in den Runen des Hrabanus Maurus enthalten sein? Sie sind bisher unbestimmt *Deutsche* genannt, jetzt muss näher untersucht werden, was für ein Volk es sei, dem er sie zuschreibt, und das er als die Quelle der Deutschredenden noch besonders bezeichnet. Er sagt: *Marcomanni, quos nos Nordmannos vocamus.* Skandinavier sind hier auf keinen Fall gemeint; Hrabanus würde ihre Sprache nicht die ursprünglich deutsche genannt haben. An die aus der früheren Periode bekannten Markomannen, die erst im südlichen Deutschland ihren Sitz hatten, dann östlich nach Böhmen, Mähren und Österreich drangen, und endlich mit den Quaden dem Strom der Völkerwanderung nach Gallien und Spanien folgten: an diese längst verschollenen Markomannen ist nicht mehr zu denken. Der Ausdruck Nordmanni deutet auch offenbar auf ein Volk im nördlichen Deutschland. Glücklicherweise finden wir in deutlichen Stellen darüber Auskunft: Nordmanni, Nordliuti wurden zur Zeit des Hrabanus die Transalbiani, Nordalbingi, die *überelbischen Sachsen* genannt. Einige Hauptstellen: *Fulcuin* am Ende des 10ten Jahrh. (de gestis abbatum Lobiens c. XVI bei Achery spicileg. 735a): gens quaedam aquilonaris – quam plerique *Nordalbincos*, alii usitatius *Normannos* vocant. Poëta in annal. Caroli M. ad annum 798.

Veris in initio facinus commiserat atrox
Saxonum populus quidam, quos claudit ab austro
Albia seiunctim positos aquilonis ad axem,
hos *Northalbingios* patrio sermone vocamus.

Eben davon reden die annales in J. C. *Speners* notitia Germaniae medii aevi c. 4 und gebrauchen den Ausdruck: Transalbiani – qui *Nordmanni* vocantur und die vita Caroli M. apud Pithoeum: *Nordliudi* trans Albiam sedentes. Noch mehr Stellen findet man gesammelt in dem Werk von Spener p. 402, Note.[56] Aber auch der Name *Markmannen* hat sich bei *Helmold*, aus der Mitte des 12ten Jahrh. in dem chronicon. Slavor. (bei *Leibnitz* script. rer. brunsv. II. 593) erhalten und wird erklärt: fuerunt parentes mandato eius (nämlich des Grafen Adolph II. von *Nordalbingien*) plebes Holzatorum, Sturmariorum et *Marcomannorum*. Vocantur autem usitato more *Marcomanni* gentes undecunque collectae, quae Marcam incolunt.

Ich schließe demnach, dass das *Runenalphabet der überelbischen Sachsen bei Hrabanus dasselbe ist, welches die Sachsen mit nach England brachten*, und das vielleicht noch etwas verändert oder erweitert wurde, sonst aber übereinstimmend blieb. Auch konnte Hrabanus in Beziehung auf die Angelsachsen, im Gegensatz ihrer mit der deutschen nah verwandten Sprache zu der des gälischen Stammes, gar wohl sagen, die Deutschredenden leiteten ihren Ursprung von den Nordmannen, d. h. Sachsen ab. Mit dieser Ansicht stimmt auch die Bemerkung überein, welche bei Gelegenheit des Runenalphabets in einer angelsächsischen Handschrift gemacht wird. *Humphred Wanley* teilt in dem Verzeichnis der Cotton. Mss. die Stelle mit (Hickes thes. II. p. 247), wobei nur zu bedenken bleibt, dass sie gerade in der Angabe des Hrabanus Maurus ihre Quelle haben könnte: „hae etenim litterarum figure in gente *Nortmannorum* feruntur primitus invente quibus ob carminum eorum memoriam et incantationum uti adhuc dicuntur. Quibus et *Rimstafas* (l. *Rûnstafas*) nomen imposuerunt, ob id, ut reor, quod hiis res abseonditas vicissim scriptitando aperiebant."

Es ist hier nicht zu übersehen, dass dem Markomannischen Alphabet einiges fehlt, was in dem angelsächsischen, wie es scheint, spätere Erweiterung ist. Dahin gehört die Silbe *inc*, vielleicht die media *D* und die Rune *iolx* (*X*); denn was als *X* mit dem Namen *helahe* bei Hrabanus vorkommt, scheint mir verdächtig: ich glaube, hier steckt noch ein Irrtum des Schreibers, umso mehr, da wir in den Exeter. Alphabeten wieder ein anderes Zeichen dafür finden, das nach der *C* Rune gebildet scheint. Dagegen findet sich eine im Angels. fremde Rune *chilch*, die indessen mit der Rune *calc* dort in Zusammenhang stehen

[56] *Ihre* de runar. patria ist gleichfalls der Meinung, dass die Markomannen des Hrabanus die überelbischen Sachsen seien, stützt aber darauf zum Teil seine seltsame Behauptung von dem Ursprung der Runen in Deutschland. *Suhm* critisk Historie af Danmark I. 158 – 65, 291 – 97 widerspricht ihm, und will die Markomannen durchaus in Dänemark suchen, mithin unser Alphabet zu einem nordischen machen; diese Ansicht widerlegt sich indessen schon durch die bloße Bemerkung, dass diese Runen von den nordischen gar sehr verschieden sind; auch sind die Worte des Hrabanus klar.

könnte, doch so, dass das Vorbild hier wäre. *Othil* scheint aus Versehen zu fehlen, da der Name selbst vorhanden und nur an das verwandte *ô* gekommen ist. Zur Bestätigung findet es sich auch wirklich in der Exeter. Hs., und zwar zweimal an falschem Ort, bei dem *Q*. Weil nämlich für diesen lateinischen Buchstaben, der überflüssig ist, kein Zeichen da war, verwendete man das zweite *O* dazu. Das dritte Mal ist *othil* als *O* aufgeführt, wo man für das *Q* das umgekehrte *K* gesetzt, für das *K* ein neues Zeichen erfunden hatte. Noch verdient die Bemerkung angeführt zu werden, dass nach den ausdrücklichen Worten des Hrabanus das Markomannische Alphabet einem *heidnischen* Volk zugehörte, es aber nicht glaublich wäre, dass die angelsächsischen Priester einem solchen für seine Geheimlehren eine Buchstabenschrift würden überliefert, so wie umgekehrt die Heiden von jenen sie angenommen haben; es musste ein altes, geheim gehaltenes Eigentum sein.

Zwei Einwürfe lassen sich gegen unsere Annahme machen, die noch müssen beleuchtet werden. Das Markomannische Alphabet enthält ein *Z*, während die Sachsen diesen Laut nicht hatten, sondern nach dem Geist ihrer Sprache dafür ein *T* setzten. Allein ich zweifle nicht, dass die Rune, welche Hrabanus als *Z* anführt, fälschlich und aus Unkunde diese Bedeutung erhalten hat: es ist in der Tat ein *T*. Das Zeichen selbst schwankt, an sich ist es eines mit dem angelsächs. *ear* und wird sich wahrscheinlich mit diesem aufklären. In dem zweiten hraban. Alphabet steht es sogar als *X*, und was in diesem als *Z* vorkommt, in ganz befremdender Gestalt, völlig einem lat. *V* gleich, ist ganz gewiss kein runisches Zeichen.

In dem Namen *ziu* scheint das nordische *týr* zu stecken, als das Geschlechtszeichen *r* bei dem Wort noch galt, hat es formell ganz richtig *ziur* gelautet (ähnlich finden wir im St. Galler Alphabet *tî* für *tîr*), und gehört also dem *T* an. Merkwürdig und gewiss für diese Ansicht sprechend ist es, dass sich in den so genannten Runen des Beda wirklich kein *Z* findet, sondern ein *T* an dessen Stelle steht, und dass in der Exeter. Handschrift abermals ein ganz anderes Zeichen für *Z* vorkommt, nämlich in den beiden ersten Alphabeten ein ganz neues, etwa ein doppeltes *C*, in dem dritten offenbar das verzogene lateinische. Mir deucht es hierdurch höchst wahrscheinlich gemacht, dass das *Z* ursprünglich nicht in das markomannische Alphabet gehörte.

Der zweite Einwurf liegt in den Formen *gifu, lago* und *ehu*, die nicht deutsch zu sein scheinen, wovon aber die beiden ersten den angelsächsischen entsprechen. Hier aber zeigt sich der günstige Umstand, dass diese gerade zwar als seltene, doch uralte deutsche Formen sich rechtfertigen lassen, wodurch sie über alle abweichende Eigentümlichkeiten der angelsächsischen Sprache zu stehen kommen; das nähere ist in der deutschen Grammatik ausgeführt.

Ausdrücklich ist noch anzumerken, dass die Runen auf den bekannten, bei Prilwitz gefundenen, slawischen Götzenbildern (womit es doch noch immer eine eigene Bewandtnis hat), den markomannischen nicht näher verwandt sind. Ihre Züge stimmen mehr mit den einfacheren, nordischen zusammen, auch ist nicht zu übersehen, dass sie eigentlich nur die Zeichen der alten Runen und für die späteren keine besondere haben, daher man z. B. auch hier *A* und *E* öfter durch ein und dasselbe ausgedrückt findet.

19. Verhältnis der altsächsischen und nordischen Runen

Es ist vorhin der Satz aufgestellt, dass die Angelsachsen die Runen aus den deutschen Stammsitzen mit nach England gebracht hätten, jetzt ist die Frage übrig: wie wir uns die Abhängigkeit dieses altsächsischen von dem altnordischen Alphabet, welche aus der Beibehaltung eigentümlich nordischer Namen folgt, denken müssen? So viel kann man als gewiss annehmen: mitgeteilt sind die nordischen Runen zu einer Zeit, wo man nicht mehr als die sechzehn alten kannte. Indem wir für die fehlenden Laute auf der einen Seite die punktierten Runen, auf der anderen neue Formen dafür eingeführt sehen, müssen wir schon eine Absonderung in der Fortbildung annehmen. Da wir aber diese beiden vollständigeren Alphabete bereits so früh finden, als irgend Runendenkmäler, so ist nichts einzuwenden, wenn man jene Zeit der Mitteilung viel weiter zurücksetzt. Will man eine Vermutung zulassen, so fand sie statt bei der letzten, aber auch größten Einwanderung der Germanen aus den asiatischen Stammsitzen am Tanais, welche man gewöhnlich den Zug des letzten oder dritten Odins nennt und etwa fünfzig Jahre vor Christi Geburt sich zutragen lässt. Dieses ist umso wahrscheinlicher, als eben dieser Odin in den alten Mythen der Urheber der Runen (rúnhófdi) heißt. Es hat ohne Zweifel eine viel innigere Verbindung zwischen Deutschland und dem Norden bestanden, als die ist, welche im Allgemeinen aus der nahen Verwandtschaft beider Völker folgt; sie leuchtet noch aus Sprache, Sitten und mannigfachen Gebräuchen hervor, und aus ihr mag auch die Gemeinschaft der Buchstabenschrift herrühren. In dem gemeinschaftlichen Besitz der Nibelungen-Sage zeigt sich ja dasselbe Verhältnis. Sie ist bei beiden Völkern einheimisch und verschiedentlich von dem einen zum anderen hinübergedrungen, wobei doch dem Norden insofern ein gewisser Vorzug gebührt, als er in einigen Hauptpunkten das älteste und ursprünglichste bewahrt zu haben scheint. Gerade, wie wir die deutsche Gestaltung mitten im Norden wieder hervorbrechen sehen, so finden wir auch dort auf alten Denkmälern, von welchen hernach die Rede sein wird, mitten unter den gewöhnlichen Runen diese deutschen in Anwendung gebracht. Ja,

es hat das Ansehen, als habe dieses Alphabet für ein zweites, feiner ausgebildetes, gegolten, zu dessen Kenntnis nicht ein jeder gelangt sei.
Ich behaupte nicht, dass die Sachsen oder Bewohner des nördlichen Deutschlands allein die Runen besessen; im Gegenteil ist nichts natürlicher, als allgemeine Verbreitung derselben in Deutschland anzunehmen. Näher aber mag doch dies sächsische Alphabet dem nordischen gestanden haben und länger hat es sich erhalten, da die Sachsen überhaupt länger und hartnäckiger bei dem Heidentum beharrten, mit welchem wir die Runen doch immer in einem gewissen Zusammenhang erblicken. Überhaupt aber wurde das nördliche Deutschland weniger als das südliche bewegt und konnte alte Sitten besser bewahren. Von den Nordalbingiern sagt aber gerade Rimbert (Vita Anscharii c. 33), dass sie den Heiden zunächst gewohnt hätten (qui proximi noscuntur esse paganis).

Indessen ist so viel auch gewiss und ausdrücklich zu sagen, dass wir bis jetzt noch kein unbezweifeltes Denkmal mit deutschen Runen in Deutschland selbst entdeckt haben.[57]

20. Angelsächsische Denkmäler

Wir gelangen demnach zur Betrachtung jener Denkmäler, auf welchen das bisher besprochene Alphabet in Anwendung gekommen ist. Natürlich muss ich auf das Verzicht tun, was in angelsächsischen Handschriften, die Hickes nicht kannte, vorkommt; auch wäre vielleicht in englischen Werken über das einheimische Altertum, die mir nicht zu Gebote stehen, eins und das andere aufzufinden.

Einen mit diesen Runen geschriebenen Namen (Tafel V) hat, jedoch ohne eine nähere Nachricht, als dass er in einem Würzburger Codex vorkommt, Herr M. F. Arendt in der Altertumszeitung des Herrn Gräter (Jahrgang 1812. Seite 55) mitgeteilt. Er ist ohne Schwierigkeit zu lesen: ERCONFRIT. Ich vermute aber, dass er von einem Angelsachsen selbst, vielleicht von einem zu des heil. Bonifacius Zeiten herüber gekommenen Priester herrührt; auch die zum

57 Zu Prausnitz, im Fürstentum Jauer in Schlesien, ist 1768 bei einem alten Stollen ein Stein, angeblich mit Runen bezeichnet, gefunden worden. Er kam 1769 nach Berlin, wo ihn die Akademie der Wissenschaften erhielt, scheint aber gegenwärtig verloren zu sein. S. Budorgis von *Kruse* S. 115. – Gegen ein im Bragur des Herrn Gräter Bd. 6 Abteil. 2 mitgeteiltes, angeblich altdeutsches Denkmal, auf dem sich Runenschrift befindet, bin ich zu misstrauisch, als dass ich es für irgendeinen Beweis könnte gelten lassen.

Schluss im Dreieck zusammengestellten drei Punkte findet man ebenso in angelsächsischen Handschriften wieder (s. Hickes gr. anglosax. p. 135).
Eine andere Runenschrift hat man in England zu Bevercastle (Beucastrum), unweit Nottingham, auf dem Querstück eines steinernen Kreuzes entdeckt. Sie wurde im Jahr 1618 dem bekannten Heinrich Spelmann mitgeteilt, durch welchen sie an Ol. Worm kam, der davon den hier (Tafel V) nachgezeichneten Holzschnitt in den monum. dan. p. 161 lieferte. Spelmann hatte eine Erklärung verlangt, Ol. Worm gab sie in dem genannten Werk p. 168. Da er das angelsächsische Runenalphabet noch nicht kannte, so hielt er Sprache und Schrift für nordisch. Um sie aber lesen zu können, verfährt er sehr willkürlich und nimmt an, dass nicht weniger als fünf Buchstaben, also mehr als ein Drittel der ganzen Inschrift, falsch eingehauen seien und daher verbessert werden müssten. Er liest:

RINO. SATU. RUNA. STINA. D.
Rino setzte diese Runensteine.

Einmal zugegeben, dass eine solche gewaltsame Abänderung ganz deutlicher Buchstaben erlaubt sei, was sie nicht ist, so steht dieser Erklärung schon der ungrammatische Pluralis satu für den Sing. setti oder seti, wie in den mon. dan. p. 293 steht, entgegen. Auch der Pl. steina ist hier bei dem einen Stein unpassend. Endlich scheint mir der Inhalt nicht für ein Kreuz angemessen.[58]
Wanley liefert die Inschrift bei der Beschreibung der Cotton. Hss. (thes. II. 248) doch insofern abweichend von Worm, als der achte Buchstabe ohne zweiten Querstrich völlig als ein umgekehrtes lateinisches *V* erscheint. Es steht dabei: i. e. *rynas dryhtnes*, mysteria domini, welches wahrscheinlich die Erklärung des ersten Besitzers der Handschrift ist. Natürlich zwar wird die Inschrift als eine angelsächsische betrachtet, sie ist aber erstlich nicht richtig gelesen, denn wenn man auch das 4te und 12te Zeichen beides *A* und *E* zugleich bedeuten möchte, so kann doch nicht wohl das 3te und 11te bei sichtlicher Verschiedenheit denselben Buchstaben *N* vorstellen. Sodann aber ist einzuwenden, dass zwar dryhtnes der Genitiv von dryhten, drihten sein kann, aber rynas grammatisch falsch wäre, da rûn oder ryn als ein Femin. im Plur. rûna hat und die Endigung *as* dem Masculin. zugehört. – Ich lese ohne Veränderung eines Buchstaben:

---

[58] Die Inschrift ist wieder nachgestochen bei *Pontoppidan* vestigia Danorum extra Daniam. II. 14 und außer der Wormischen Erklärung noch eine andere von Helverschov geliefert, wonach sie gelesen wird: vilos eros ateos, welches barbarisches Latein für vilis ero atheis sein soll. Dass sie völlig grundlos ist, braucht kaum angemerkt zu werden.

RICES DRYHTNES.
Des Reiches Herrschaft.

Die einzelnen Runen sind vollkommen deutlich. Merkwürdig ist, dass das *E*, welche Bedeutung doch ohne Zweifel der vierte und zwölfte Buchstabe hat, nicht die gewöhnliche, dem lateinischen *M* in der Gestalt sehr ähnliche angelsächs. Rune ist, sondern der nordischen ósrune (*Ó*) gleicht, nur dass die beiden Querstriche oben stehen. Wir werden dieses Zeichen hernach noch mehr in der Bedeutung des *E* finden, wie es auch in dem berühmten schleswigischen Runenstein vorkommt. Die achte scheint dieselbe nur mehr gelegte Rune zu sein, die Erklärung durch *Y* oder *I* bedarf keiner Entschuldigung, da bekanntlich beide Laute auf den Runensteinen dasselbe Zeichen haben. –

Die beiden Worte der Inschrift gestatten aber eine mehrfache Auslegung. Rice kann so viel heißen als: heofana rice, Himmelreich, und die Inschrift sollte die Herrschaft des Himmels über die Erde ausdrücken, oder die Macht des irdischen Königreichs in der Anerkennung des Kreuzes, das über dem Reichsapfel steht, bezeichnen. Allein rice hat auch die Bedeutung von iurisdictio (S. Lye-Manning h.v.) und durch das Kreuz und die Inschrift solle, was mir am wahrscheinlichsten deucht, die Grenze eines Gerichts-Bezirks angedeutet werden. Ich erinnere mich, zu Hersfeld ein solches altes steinernes Kreuz gesehen zu haben, welches die Grenze der ehemaligen Stiftsgerichtsbarkeit bezeichnete.

Angelsächsische Runen zugleich mit lateinischer Inschrift enthält das monumentum Ruthwellense in Schottland, das Hickes thes. III. Tab. IV. vollständig hat abbilden lassen. Das lateinische ist deutlich, aber die runische Schrift, da man die Folge der Buchstaben nicht kennt, noch unverstanden; so viel ist aus den Bildern auf den Steinen selbst und der lateinischen Inschrift gewiss, dass sie aus christlicher Zeit rührt.

Ein drittes Runendenkmal hat *Camden* in der Beschreibung von Großbritannien (lat. Ausgabe: London 1637. Fol. p. 632 englische Übersetzung. Lond. 1607. p. 768) bekannt gemacht. In Cumberland in den Ruinen einer alten Burg Papcastle fand man ein großes Gefäß von grünlichem Stein, welches hernach in der nahe gelegenen Brigittenkirche als Taufkessel gebraucht wurde. Darauf waren kleine Figuren künstlich eingegraben und eine Inschrift kam zum Vorschein. Es sind darunter Runen deutlich zu erkennen, dagegen andere Züge scheinen fremdartig und viele Abbreviaturen angebracht, überhaupt aber verrät die Schrift kein hohes Alter. Was ihre Entzifferung noch erschwert, ist, dass Hickes III. Tab. II. eine äußerst abweichende Zeichnung davon liefert; die Erklärung dabei scheint sehr gewagt. – Endlich gibt Hickes Tab. III. aus einer Cotton. Handschrift (Otho c. 5, p. 41), aber ohne sonst ein Wort darüber zu sagen, noch eine runische Zeile, die ich hier Tafel V wieder mitteile. Die

Buchstaben an sich sind vollkommen deutlich, der 4te und 12te (ein *K*) ist nicht aus dem angelsächsischen sondern nordischen Alphabet genommen. Allein den Sinn zu finden will mir nicht gelingen; der 7te bis zum 12ten Buchstaben sind lauter Vokale: *UIEIU*, und schon daraus ist klar, dass sie nicht auf gewöhnliche Weise können gelesen werden.[59]

21. Nordische Denkmäler

Die eben angeführten Inschriften, die ohne Zweifel von Angelsachsen und aus christlicher Zeit herrühren, bezeugen den, wenn es gleich scheint nur sparsamen, Gebrauch des Runenalphabets bei diesem Volk.
Wichtiger scheint mir die Entdeckung, dass sich auch auf nordischen Runensteinen deutliche Spuren einer Kenntnis jenes deutschen Alphabets zeigen. In den mir zugänglichen Werken über diesen Gegenstand, worunter jedoch kein hauptsächliches fehlt, habe ich deren nur fünf gefunden. Vier davon stehen in Schweden: zwei in Upland, die Góranssons Bautil enthält, zwei in Blekingen, welche Ol. Worm mitteilt; und einer in Norwegen, gleichfalls von Ol. Worm bekannt gemacht. Bei der Seltenheit dieser Werke sind sie sämtlich hier wieder abgebildet.

Sie unterscheiden sich schon äußerlich sehr bestimmt von den übrigen, im Norden bekanntlich nicht seltenen Runensteinen. Dort ist erstens die Schrift häufig auf mehr oder weniger verschlungene Schlangenbänder gestellt, und folgt ihren Krümmungen, dadurch wird sie zugleich auf beiden Seiten von einer Linie berührt und gehalten. Man könnte die Bemerkung machen, dass die in dieser Weise ausgehauenen Steine im Ganzen zu den jüngeren gehören; doch auch bei den älteren, z. B. dem schleswigischen vom J. 992, und snoldelevischen, steht die Schrift unten auf einer Linie und wird oben von einer anderen berührt. Es gibt auch Beispiele, wo die Linien ganz fehlen (wie im Tryggvelde-Monument und einem anderen Runenstein bei Worm monum. p. III. 129), es kommt aber bloß auf die Regel an. Dagegen stehen hier die Runen weder auf Schlangenwindungen noch auch auf Linien, den zweiten upländischen Stein Nr. 361 insofern ausgenommen, als unten, aber nicht oben, eine Linie gezogen ist, die jedoch nicht einmal von dem Fuß einer jeden Rune berührt wird. In dem uplandischen Stein Nr. 581 sind sie ganz roh und schief eingehauen. –

[59] Hickes gibt noch in der Vorrede zu P. 1 die Abbildung eines Ringes mit Inschrift, welche, nach seiner Erklärung, auch einige Runen unter den gewöhnlichen angelsächs. Buchstaben enthält. Allein es scheint mir sehr zweifelhaft.

Eine zweite Verschiedenheit besteht darin, dass bei den gewöhnlichen Runensteinen in der Regel fast jedes Wort von dem anderen teils durch leeren Raum, teils durch einen oder zwei Punkte, oder ein kleines Kreuz (wie im schleswigischen Stein) getrennt und unterschieden wird. Auf allen fünf Steinen folgen aber hier, wie auf den angelsächsischen Denkmälern, die Buchstaben unmittelbar aufeinander, selbst das Ende des Ganzen ist nicht einmal durch einen Punkt bezeichnet. Nur in dem Leerager Stein sind hinter dem Namen *Uthar* zwei Punkte, und auf dem uplandischen Nr. 361 scheint eine Abteilung durch ein kleines liegendes Kreuz mit einem Punkt oben und unten angedeutet. – Drittens: die gewöhnliche Runenschrift geht von der linken zur rechten; folgt sie den Schlangenwindungen, so würde sie, wenn man sich diese geradegezogen denkt, doch ebenso laufen. Dagegen von unseren Steinen hat der norwegische Bustrophedonschrift, auf den beiden in Upland geht sie völlig von der rechten zur linken, und nur die Blekinger Steine haben wieder die gewöhnliche Ordnung. Was die Bustrophedonschrift angeht, so könnte man vermuten, sie sei nicht nach einer alten, bisweilen noch geübten Sitte angewendet, sondern die Schlangenbänder hätten darauf geführt. Die Schrift auf einem Runenstein bei Ol. Worm mon. p. 302 dreht sich wirklich so herum, dass die zweite Linie von der linken zur rechten geht.
Auch finden sich andere Beispiele bei den gewöhnlichen Runensteinen, obgleich auch diese zu den älteren gehören. Auf dem mehrgenannten auch in dieser Hinsicht merkwürdigen schleswigischen fängt die Schrift bei der mittelsten Linie an von der linken zur rechten, und geht dann in die unterste über von der rechten zur linken; zugleich sind die Runen auf den Kopf gestellt, welches macht, dass sie, wenn sie aufgehoben würden, doch mit der vorigen Linie gleich zu stehen kämen. Von der untersten springt dann die Schrift über die mittlere zur obersten Linie und läuft da wie gewöhnlich von der linken zur rechten. Andere Runensteine mit Bustrophedonschrift finde ich bei Ol. Worm monim. p. 303, 312, und wo die Schrift in die Höhe steigt p. 129, 312. Allein dass sie durchaus von der rechten zur linken ginge, wie auf den beiden uplandischen Steinen, davon habe ich in den gewöhnlichen Runen weiter kein Beispiel entdeckt. Dieser Umstand scheint mir von Wichtigkeit, zumal bei dem hohen Alter, das sich in der Rohheit beider Steine verrät. Denn da sich nicht wohl annehmen lässt, dass die Runenschreiber durch einen bloßen Einfall auf diese Schreibweise geraten wären, so muss man hier, glaube ich, die Fortdauer einer altasiatischen Sitte anerkennen.

Noch muss ich der Zeichnungen auf den beiden uplandischen Steinen mit ein paar Worten gedenken. Sie sind verschieden von denen, welche auf den gewöhnlichen Runensteinen vorkommen und einer bestimmten, überlieferten Manier folgen. Dort bemerkt man meist arabeskenartige Schnörkel, jenen nicht unähnlich, welche man bei Malereien in Handschriften des 10. und 11. Jahrhunderts findet; oder aus den Schnörkeln werden Figuren von Tieren, Drachen, Hunden gebildet, auch wohl menschliche Gestalten hinein verflochten. Man vergleiche den Stein bei Worm mon. p. 332 und im Bautil Nr. 363. Dagegen die Gestalten auf unseren Steinen sollen natürlich sein. Von der Rohheit der Figur auf dem upland. Stein Nr. 581 würde sich kaum noch ein Beispiel finden; ein Mann zu Pferd, das Schwert in der Hand, wie auf dem upl. Stein Nr. 361, wo man doch einen Begriff von Zeichnung entdeckt, kommt vor auf einem Stein in der Runographie des Verelius S. 59. –

Es verdient auch angemerkt zu werden, dass sich auf keinem der fünf Steine jenes sonst so häufige Kreuzzeichen findet, von dem es noch ungewiss, ob es erst in christlicher Zeit aufgekommen ist, oder noch aus dem Heidentum herrührt.[60]

Wir wenden uns zur Betrachtung des Inhalts. Alle fünf Steine sind noch unerklärt. Die uplandischen hat Göransson übergangen; die Runen auf dem norwegischen und den beiden blekingischen werden als litterae runicae rariores et minus tritae angeführt, und Ol. Worm gesteht, aller Mühe ungeachtet habe er nichts davon herausbringen können.

Das Lesen der Runeninschriften ist überhaupt mit großen Schwierigkeiten verbunden. Die allgemeinsten sind:

Die verschiedene Gestalt der Runen, die mehrfache Bedeutung desselben Zeichens, die Umwendung (runae inversae), endlich die Versetzung der Runen (perturbatae). Der Runenschreiber stellte im letzten Fall manchmal eine Rune an den ungehörigen Ort, und einen Buchstaben vorne hin, der hinten seinen Platz hatte. Dazu kommt die häufige Unwissenheit, die in rohen Dialektformen die Worte ausdrückte. Man muss es nicht übersehen, dass während die größeren Werke jener Zeit die Sprache in dem reinsten Zustand darstellen, hier Formen so roh, als in irgendeiner gemeinen Mundart uns begegnen.

Der Unterschied ist also schon früh da gewesen, aber wenig zur Äußerung gekommen; diejenigen, welche schrieben, mussten durch Bildung ausgezeichnet sein und die Sprache vollkommen beherrschen; oder: niemand schrieb, dessen Beruf dazu nicht völlig ausgemacht war. Jene Schwierigkeiten steigern sich hier, wo wir ungewöhnliche Runen vor uns haben und außerdem die Beihilfe entbehrt wird, welche die Trennung der einzelnen Worte durch Punkte oder leeren Raum und die Vergleichung bei den gewöhnlichen Runensteinen darbietet. Im Nachteil ist endlich der Ausländer, welcher die Denkmäler nicht aus

[60] Ol. *Celsius* hat sie gesammelt in den Actis litterar. Sueciae 1727 p. 238 und *Abrahamson* in den Antiq. Annal. I 171 darüber eine Abhandlung geliefert.

eigener Anschauung kennen lernt, sondern sich mit oft unvollkommenen Abbildungen begnügen muss, daher aber auch doppelter Nachsicht bedürftig.
Der *uplandische Stein* Nr. 581 steht zu Krogesta, Kirchspiel (Sockn) Tuna, Gerichtssprengel (Härad) Oland. Seine Form ist so plump als möglich, die Figur darauf gleicht den rohesten Versuchen, die Schrift sogar ist schief eingehauen, wovon ich sonst auch kein Beispiel weiß.

Aus dem deutschen Alphabet ist darin die Rune tag (*D*) gebraucht. Ich lese die erste Zeile neben der Figur: *DTHRVISI*, das heißt, Thorvisi, ein nordischer Name, zu dem ich den ähnlich gebildeten Baulvisi aus der Edda stellen kann. Die zweite Rune ist thurs (*TH*) und der Laut wäre freilich auf rohe Schreibweise verdoppelt; dass der Halbzirkel oben angehängt ist, wodurch der Buchstabe dem lateinischen *P* ähnlich wird, macht nichts aus, man findet ihn ebenso im Vinje-Monument (Annal. I. 250). Dagegen will man eine Vermutung gestatten, so ist dieser Buchstabe die deutsche Rune *ôthil*, welcher der zweite Schenkelstrich fehlt, der sich vielleicht auf einer genaueren Zeichnung fände; dann hätte man aber deutlich: *DOR*. Merkenswert ist die eigentümliche Gestalt des *R*, dessen Hauptstrich oder Stab abgelöst und mit einem Haken oben und unten nach verschiedenen Seiten versehen ist; auf der anderen Seite kommt es noch einmal vor, beidesmal als umgekehrte Rune. Ich war anfangs zweifelhaft, ob es nicht zwei Zeichen und das eine die Rune *eoh* wäre, welcher es vollkommen gleicht; aber aus dem Ganzen folgt deutlich, dass es nur eins ist und notwendig *R* bedeutet. Auch die Gestalt des abgesetzten *S* ist seltsam und ungewöhnlich. Das zweite Wort lese ich: *ROINOR*, rúnor. Die letzte ist die ýrrune, nur auf den Kopf gestellt, wie sie in dem hraban. Alphabet vorkommt, und zwar in der Bedeutung von *R*. Es fehlt, um einen Sinn zu erhalten, das Wort *RISTI*, grub ein, welches vielleicht auf der dritten Seite des Steins gestanden hat, und das Ganze wäre demnach zu lesen: *Thorvisi risti rúnor*: *Thorvisi grub die Runen ein*. Dies ist aber ein häufiger Schluss der Runeninschriften; um nur ein paar Beispiele zu geben: Bautil Nr. 555 und Peringskjöld in den Noten zu Cochlaei vita Theodorici p. 496. Fair risti rúnir. *Rúnir* und *rúnar* sind die beiden richtigeren Formen, doch ist auch *rúnor* häufig, z. B. Bautil Nr. 559. Da aber das Zeichen sehr gut für beides, *A* und *O*, gelten kann, so dürfte man ohne Anstand auch *roinar* lesen, *oi* bezeichnet *ú* und kommt auch sonst vor. Übrigens vermute ich, dass wir in diesen Worten nur ein Stück und das Ende der ganzen Inschrift haben, welche vielleicht auf der abgeschlagenen Spitze des Steins stand.

Der andere *uplandische* Stein Nr. 361 findet sich in Moje Bro, Kirchspiel, Hagby, Sprengel Hagunda. Roh ist er gleichfalls und scheint sehr alt. Er enthält die deutschen Runen *tag* (*D*) und *hagel* (*H*). Das *R* in der obersten Linie ist auf den Kopf gestellt. Die Schrift muss von der rechten zur linken gelesen werden, dies folgt aus der Stellung der Runen. Bei der Betrachtung derselben fällt auf, dass dasselbe Zeichen, ein Strich oben mit zwei abwärts geneigten Haken, so häufig wiederkehrt, in der obersten Linie regelmäßig ein über das andere Mal; die unterste Linie macht nur durch das *F*, womit sie anfängt, eine Ausnahme und dadurch, dass das vorletzte Zeichen nur einen Haken hat. Jenes Zeichen ist in der gewöhnlichen Schrift die *ósrune*, deren beide Querstriche zwar eigentlich in die Mitte gehören, welche sich jedoch in dieser Gestalt auch auf dem berühmten snoldelevischen Stein (Antiq. Annal. I. 306) findet. In den Anmerkungen zu Cochlaei vita Theodorici p. 404 hat Peringskjöld einen Stein bekannt gemacht, wo dieses Zeichen die Bedeutung von *A* hat. Ich vermute aber, es ist hier ein Vokalzeichen, indem bis zu dem liegenden Kreuz mit zwei Punkten sonst in der ganzen Inschrift kein Vokal vorkäme. Das letzte Zeichen vor dem Kreuz, ein Strich mit drei Haken, kommt so viel ich weiß sonst nirgends vor, und ich kann über seine Bedeutung nichts sagen. Um die Schrift zu verstehen, müsste die Eigentümlichkeit der Schreibweise erst entdeckt werden, dass man absichtlich etwas Verborgenes habe sagen wollen, glaube ich nicht. Lesbar sind mir nur ein paar Worte, darunter ein Name, weil dieses etwas Zufälliges oder von dem Sinn des Ganzen Unabhängiges ist. Nämlich die zweite Zeile enthält, indem sie von der rechten zur linken geht: FROTHI RIT, d. h. Frôdi grub ein, schrieb. Der Name ist bekannt, kommt auch tirstedischen Stein (monum. p. 143) vor. Ausgelassen ist *rúnir* oder auch Stein, wie dies oft der Fall ist. Jene Worte scheinen mir ziemlich gewiss und beweisen dann die Vermutung von einem Vokalzeichen. *Rit* als Prät. von *rita* finde ich in einem Stein bei Ol. Worm mon. p. 245 und p. 458. Was die oben ganz allein stehende Rune *madr* bedeuten soll, muss ich dahin gestellt sein lassen. Gehört sie noch zu dem Schluss der zweiten Zeile *INI* oder ist es eine Ziffer, da das Runenalphabet gleichfalls zum Zählen gebraucht wurde?

Der *Norwegische* Runenstein (Tafel VII) steht in der Kirchhofsmauer der Tuner Kirche, unweit der Stadt Skarpsborg, im Stift Christiania. Die äußere Seite A war sonst mit Mauerwerk überzogen, ist aber davon frei gemacht worden; die Seite B sieht nach dem Kirchhof. Ol. Worm hat eine doppelte Zeichnung dieses Steins geliefert, ohne dies jedoch ausdrücklich anzumerken; da sie aber sowohl in der äußeren Gestalt der Runen überhaupt, als auch im Einzelnen voneinander abweichen, so habe ich sie beide wieder mitgeteilt. Die Abbildung II in den monum. ist jünger und hat insofern die Vermutung für sich, genauer zu sein, dagegen ist sie wegen größerer Eleganz der Formen verdächtiger. Von den deutschen Runen finden sich folgende: *ôthil*, fast in jeder Linie auf beiden Seiten; *ih* (*I*), Seite A Linie *c*, 18ter Buchstabe; wenigstens vermute ich, dass es diese Rune ist, sie hat die Gestalt eines latein. *S; gibu* (*G*), Seite B, Linie a, 15ter Buchstabe. *nôt* (*N*) ganz in der Gestalt des lateinischen *X*, wie die Rune im zweiten Alphabet des Hrabanus vorkommt: Seite A, Linie b, 3. und 21.Buchstabe, Linie c, 8.Buchstabe; Seite B, Linie c, 2. Buchstabe.

Ol. Worm wünscht einen Dädalus herbei, der ihn aus dem Labyrinth dieser Schrift leite. Ohne überzeugt zu sein, dass ich den Faden in der Hand halte, versuche ich wenigstens von der einen Seite eine Erklärung. Vermutlich hat jede für sich einen Sinn, beide beziehen sich aber aufeinander. Seite B scheint den gewöhnlichen Inhalt der Runensteine zu haben. Ich fange mit der Linie a an und fasse die sieben ersten Buchstaben zusammen:
ISMITHOR. Die dritte Rune halte ich für *madr* (*M*), sie wird nicht selten auf diese Weise oben zugeschlossen, wie man sich aus der Varietätentafel bei Ol. Worm lit. run. p. 60 überzeugen kann. Bei Hrabanus kommt gleichfalls das doppelte Zeichen vor, das offene und geschlossene, jedoch in der Bedeutung von *Y*; ich erkläre diesen sonst auffallenden Umstand daher, dass das nordische *Y* das umgekehrte Zeichen des *M* hat. Die übrigen Runen sind deutlich. Das ganze Wort ist ein Name; ich kann ihn zwar aus einem anderen nordischen Denkmal nicht bestätigen, doch dies ist der Fall häufig bei den auf Runensteinen befindlichen Namen und da darin smidur enthalten scheint, so ist er an sich wohl zulässig. –
Die jetzt folgende achte Rune ist in der Zeichnung II deutlich ein *thorn* (*TH*), dagegen in *I* verschieden und, wie ich glaube, die *árrune*, indem die Fortsetzung des Strichs auf der anderen Seite fehlt; *A* oder hier auch *E* bedeutend. Dass es keine andere sein kann, zeigen die zwei folgenden, ganz deutlichen: *FT*; die drei zusammen enthalten nämlich das in den Runensteinen so häufig vorkommende Wort: *aft, haft, eft*, für das vollständige: *aftir, eftir*. Nur ein paar Beispiele: im Falsterschen Stein *haft* (Antiq. Annal. I. 76), im zweiten schleswigischen (Ann. II. 28) und bei Ol. Worm monum. p. 128 eft. Die drei folgenden, gleichfalls deutlichen, bilden das dritte Wort *ISR*, *Isur*, das letzte *R* steht für *UR*. Diesen Namen kann ich auf einem Runenstein im Bautil Nr. 300 nachweisen. –
Die noch auf dieser Linie a übrigen sechs Buchstaben *THGIURI* machen nun wieder ein Wort aus, der zweite davon ist sichtbar die deutsche Rune *gibu*, wie sie im angelsächsischen und St. Galler Alphabet bezeichnet ist. Sie muss aber die erste sein, denn in dieser Folge geben die Buchstaben keinen Sinn und der ganze Ausdruck lässt keinen Zweifel übrig, dass die voranstehende *thornrune* versetzt ist und an eine andere Stelle gehört. Ein Fall, der nicht selten eintritt und den St. Thorlacius (A. Annal. I. 301) ausdrücklich unter denen anführt, welche das Lesen der Inschriften so sehr erschweren. Die thornrune

muss nämlich von Rechtswegen die vorletzte sein, dadurch erhalten wir: *GIURTHI*, giordi, das Prät. Sing. von *giora, góra, thun*, facere, das auf den Steinen auch *gerdi* (Annal. II. 28) kirthi (Bautil. 933) geschrieben wird.

Jetzt wendet sich die Schrift bei der Linie b und geht von der linken zur rechten. Für das erste Wort nehme ich *SITEIN* d. h. stein. Die zweite Rune betrachte ich als ungehörig zugesetzt, wozu man berechtigt ist, da die Runenschreiber sich nicht selten die Freiheit nahmen ein *I* zuzusetzen, wie St. Thorlacius (Annal. I. 302) gleichfalls anmerkt; umgekehrt ließen sie dagegen oft das *M* aus. *N* ist die deutsche Rune. Wir haben jetzt die Worte: *giordi stein* zusammen, dieser Ausdruck findet sich auch sonst noch auf Runensteinen, welche Abrahamson in den Antiq. Annalen I. 110 – 112 zusammengestellt hat; *giora* heißt hier soviel wie das gewöhnliche *hóggva* (einhauen), *setia* (setzen), *reisa* (aufrichten). Abrahamson hält den Ausdruck für einen Provinzialismus, der sich nur auf Runensteinen im gotischen Reich finde, dem widerspräche indessen unser in Norwegen stehender. –
Von den nächsten Buchstaben trenne ich *EIE* ab, als besonderes Wort, von dessen Bedeutung gleich hernach die Rede sein wird. Sodann fasse ich zusammen *LEIBE*; dass in diesem Wort ein Verbum steckt, lässt Form und Zusammenhang vermuten, allein es würde schwer gefallen sein das richtige zu treffen, wenn ich nicht glücklicherweise in dem Runenstein Nr. 4 unter denen, die Curio im Anhang zu der Gauthreks-Saga bekannt gemacht, eine entsprechende Stelle gefunden hätte. Darin nämlich kommt vor: *eie lifthi*, und es ist übersetzt: postea huc usque vixit. Das Prät. von *lifa*, leben, ist vollkommen richtig, aber *eie* kann nicht *postea* oder *huc usque,* auch nicht beides zugleich heißen; es müsste *sidan* stehen. Ich halte es für nichts anderes als das Adverb *ä*, das soviel als *semper* bedeutet, mit dem englischen *aye*, selbst mit dem griechischen ἀει übereinstimmend. Es ist klar, dass *LEIBE* soviel als *lifthi* heißen soll, *EI* steht für *I*, in den Runensteinen kommt in häufiger Abwechslung *stin* und *stein*, *risa* und *reisa* vor. Das *B* für *F* macht keine Schwierigkeit: ohne die Verwandtschaft beider Buchstaben in Anschlag zu bringen, finde ich ebenso: *abtir, ibtir, ebt*, für *aftir, iftir, eft* (Bautil 1099, 1100, 1101. Arnkiel IV. 340). Ein *E* statt *I* am Ende ist noch weniger ein Hindernis, da im Übergang zu der neueren Sprache häufig ein *E* für *I* geschrieben wird, oder auch beide Laute in den Runen ein Zeichen haben; oft steht *rúner* (Bautil 555) für *rúnir*. Nur, dass *TH* hinter *B* fehlt, muss ich aus der Nachlässigkeit des Runenschreibers erklären. Ähnliche Fehler sind übrigens nicht selten. –
Der zunächst folgende Buchstabe ist ein *A*, das ich für die Präpos. *á*, in, nehme und wozu das Wort gehört, das aus den weiteren fünf Runen besteht. Nach der Abzeichnung *I.* sind sie zu lesen: *THOREI.* Am besten wäre, darin den

Namen einer Insel zu sehen: *Thorey*, wenn sie sich nachweisen ließe. In der Edda (II. 42.) kommt die Insel *Tholley* vor; streng genommen müsste es *á* Thoreyu heißen, doch das *u* fällt im Dativ auch weg. Sonst wäre eine andere Vermutung: *EI* stehe hier, wie vorhin bei dem Wort *leibe* für *I*; *thori* könnte aber der von *á* bestimmt Dat. sing. von Thor sein, was Kühnheit, Keckheit bedeutet, also *á thori*: in Mut, Tapferkeit. Nun folgt wieder ein *A*, die Präpos. *á*. Die letzten zwei Buchstaben dieser Linie b schließen sich an die drei anderen der Linie c, die gleichfalls, wegen ihrer Stellung am rechten Ende, von der rechten zur linken zu gehen scheint, obgleich zufälligerweise die Buchstaben von der linken zur rechten gelesen dieselbe Form und Bedeutung haben. Sie bilden das Wort *TOINI*, welches der Dativ ist von *tún*, Ort allgemein, und auch Ortsname; *OI* bezeichnet das *ú; á toini, túni* demnach: zu Tun, wie auch der Ort heißt, wo der Stein steht. Im Bautil (549) ebenso *o* Funnum.

Das Ganze wäre zu lesen: Ismithor. eft. Isur. giurthi.
sitein. eie. leibe. a. thorei. a. to
ini.

In richtigeren Formen: Ismidur. eftir. Isur. giordi.
stein. a. lifdi. á. thorey. á. túni.

„Ismidur errichtete (diesen) Stein über Isur, (welcher) allezeit auf Thorey (in Tapferkeit) zu Tun lebte.“ – Dieser Inhalt entspricht gewöhnlichen Runeninschriften. Abrahamson hat in den Antiq. Annalen II. 119, 120 diejenigen gesammelt, worin der Wohnort des Verstorbenen ausdrücklich genannt ist; häufig auch werden seine Tugenden, wie vielleicht hier die in dem Norden über alles geschätzte Tapferkeit gerühmt. Sowohl die Ausdrücke: guter Mann, sehr guter Degen, kommen im Allgemeinen vor, als auch besondere, näher bestimmende: „er floh nicht bei Upsal, sondern kämpfte, so lange er Waffen hatte.“ (Bautil 1169, 1172). – „Für seine Freunde war er der beste unter dem Himmel.“ (Bautil 806).

Auf die Erklärung der äußeren Seite A dieses Steins, deren Schwierigkeiten ein jeder bald fühlen wird, der einen Versuch machen will, muss ich vorerst Verzicht tun. Vermutlich enthält sie etwas Besonderes aus dem Leben des Verstorbenen, und man kann daher nicht, wie bei dem gewöhnlichen Inhalt von Runeninschriften im Voraus auf bestimmte Worte und Redensarten rechnen; wodurch man immer sehr gefördert wird. Dazu kommen ungewöhnliche und fremdartige Zeichen. Ich bin nicht einmal ganz gewiss, wo die Schrift anfängt. Da auf der Zeichnung I. die Zeile a am Ende leeren Raum hat, so könnte man hier den Schluss suchen wollen; indessen in der Abzeichnung II. ist dieser Raum bis auf ein Geringes ausgefüllt. Am wahrscheinlichsten daher fängt die Schrift mit der Linie a von der linken zur rechten an, geht dann von der rechten zur linken in der Linie b fort, und wendet wieder auf der Linie c von der linken zur rechten um, nur, dass der 4te Buchstabe umgekehrt ist und vom 5ten an bis zum Ende die übrigen größtenteils auf den Kopf gestellt sind. Die unbekannten Zeichen in der Linie a das 4te, 7te und 9te sind auf beiden Abzeichnungen auch sehr verschieden; ferner in der Linie c ist das 2te dem lateinischen O ähnlich. Dagegen in der Linie b das 16te und 18te, so wie in der Linie c das 3te, ist ein U, wie es in der Varietätentafel bei Ol. Worm vorkommt. Zugleich findet sich dieselbe Rune, Linie a und c, in der gewöhnlichen Gestalt. In der zwanzigsten sowie in der vorletzten Rune der Linie c weichen beiden Zeichnungen ab. – Ob das in der Linie a ganz deutliche *TUMORBI* ein Ortsname sei, lasse ich dahingestellt sein; auf der Linie c lese ich von der 5ten bis zur 9ten Rune wieder *THOINI*, womit die Inschrift auf der Seite B schloss. Dass hier ein *thorn* steht, dort aber *týr*, macht gar nichts; auch der obenhin geschobene Halbkreis, wodurch die Rune dem latein. *P* ähnlich wird, kam bei dem upl. Stein 581 vor.

Das schon durch seine äußere Gestalt sich auszeichnende, große *Blekinger* Denkmal (Tafel VIII) befindet sich in einem Birkenwald zwischen Leerager, Birketorp und Listerby. Drei im Dreieck aufgerichtete Steine gehören zusammen, der eine ragt in einer Höhe von sieben und einer halben Elle, während die Breite etwa zwei Ellen beträgt, über die beiden anderen, die um eine Elle kleiner und auch verhältnismäßig schmäler sind. Nur der größere ist beschrieben, die östliche Seite a enthält die Hauptinschrift von sechs Zeilen, die westliche b dagegen nur eine einzige. Die Buchstaben sind, wie Ol. Worm ausdrücklich bemerkt, so deutlich und bestimmt eingehauen, wie kaum auf irgendeinem anderen Runenstein, daher auch verschiedene Abzeichnungen völlig übereinstimmten. Dies wäre ein Grund, dem Runenstein ein verhältnismäßig nicht sehr hohes Alter zuzuschreiben, da gewöhnlich eine solche Eleganz erst späterhin vorkommt. – Von den deutschen Runen finden sich in der Schrift folgende: *ih* (*I*), das die Gestalt eines lateinischen *S* hat, in der *1.*, in der *3.* zweimal und in der *5.* Linie; *ech, ehu* (*E*) mit der Gestalt des lateinischen *M* in der 2. Linie zweimal, und in der 4. das vorletzte Zeichen. In der 2. Linie der 10. und 13. Buchstabe ist wohl *man* (M). Eine *tag* rune (*D* oder *Ð*) ist vermutlich in der 5.Linie der 11. Buchstabe, mit eigener, gleichsam zweimal verdoppelter Gestalt; *hagel* (*H*) in der 3. und 6. Linie der erste Buchstabe; *ôthil* in der 6. Linie zweimal der zehnte und zwölfte; *gibu* (*G*) oder, weil die Gestalt sehr ähnlich ist, *nôt* (*N*) in der 5. Linie die letzte Rune. – D, in der 6. Linie der 4. Buchstabe, ist durch Erweiterung des Halbkreises völlig dem lateinischen *D* ähnlich geworden. *A* wird durch das Zeichen des nord. *hagl* (*H*) ausgedrückt, wie dies auch im snoldelevischen Runenstein geschieht (Antiq. Annal. I. 300). Endlich ist der merkwürdige Umstand nicht zu übersehen, dass jene deutschen

Runen zum Teil sich daneben in der gewöhnlichen nordischen Form finden: nämlich *I, M, D* und *N*. Ferner ist *U* in doppelter Gestalt vorhanden, denn auch in der 4. Linie die 12. Rune ist ein *U*; ebenso *TH* (nämlich auch mit dem oben angelegten Halbkreis, wodurch es dem lat. *P* vollkommen ähnlich wird), in der 2. Linie die 6. Rune.

Ol. Worm sagt von diesem Stein: diu multumque in eo enucleando desudavi, operam praestantissimorum in hac litteratura imploravi, seá frustra ferme fui. Cernis enim hic runicos, latinos, graecos et peregrinos elementorum ductus, ita invicem congestos et confusos, ut citius ex Labyrintho Daedaleo, quam hinc te ex tanta extricaveris perplexitate. Zu der Behauptung, dass lateinische und griechische Buchstaben eingemischt seien, ließ sich Worm bloß durch die ihm unbekannten Runen verleiten. Hierauf folgt ein Brief von *Arngrim Jonsen*, dessen Meinung Worm verlangt hatte. Er vermutet die Einmischung einer fremden Sprache, und merkt an, man müsse das Zeichen des *hagl* nicht bloß *H*, sondern *HA* lesen. Da er die deutschen Runen nicht kannte, so wäre es überflüssig hier zu wiederholen, wie er das Ganze liest, es ist entschieden falsch und überdies völliger Unsinn. Eine solche Einmischung einer fremden Sprache müsste durch andere Beispiele gerechtfertigt werden; ich finde aber nur eine Runeninschrift mit einem lateinischen Zusatz in Mönchsschrift (Bautil 938), oder umgekehrt, eine lateinische Inschrift in Runenbuchstaben, die mit einem Satz in nordischer Sprache schließt (monum. p. 176). – Ich bin dagegen geneigt, hier wie bei dem upland. Stein 361 an eine eigentümliche Geheimschrift zu glauben. Vier Vokale hintereinander, in der 4ten Linie die vier letzten AUEU, machen es sehr wahrscheinlich. Mehr als ein paar Worte mit einiger Sicherheit herauszubringen, hat mir nicht glücken wollen. Auf der Seite b ist der Name UTHAR vollkommen deutlich, die zwei Punkte dahinter zeigen auch, dass der Runenschreiber gar wohl das auf den gewöhnlichen Steinen übliche Trennungszeichen kannte. Die folgenden Buchstaben ABASBA, so deutlich sie sind, weiß ich schon nicht zu erklären. Auf der westlichen Seite a sind mir nur zwei Worte außer Zweifel: nämlich in der 6. Zeile HANDUM, *höndum*, der Dat. Pl. von *hönd*, Hand; woraus sich gegen Arngrim Jonsen auch ergibt, dass das Zeichen des Hagl lediglich *A* nicht *HA* muss gelesen werden, da hier noch ein H vorangesetzt ist. Sodann die darauf folgenden fünf Buchstaben: RUNOR. In der 3. Zeile könnten die sieben ersten HALGRIM gelesen werden, der Acc. Von Hallgrimr, welches ein nordischer, z. B. aus der Niála-Saga bekannter Name ist; aber dann müsste der 7. Buchstabe ein M sein, während er eine Linguallaut zu bezeichnen scheint, und die vierte aus der *týr*-in die *kön* rune verändert werden. In der 4. Zeile die sieben ersten Buchstaben: INA RUNA lauten wie der Gen. Pl. *inna rúna*. Die vier nächsten MARA könnten die Mar, *incubus*, heißen, gleicherweise die vier ersten in der

5. Zeile FALA etwas ähnliches, da *fála* ein Zauberweib bedeutet. Das bleibt aber alles ungewiss, indessen gewähren doch diese paar Worte wenigstens die Überzeugung, dass die Inschrift in nordischer Sprache abgefasst ist.

Der zweite *Blekinger* Stein war gefunden bei dem Schluss Silvisborg auf der Gommor-Wiese, und bestand aus einem länglichen, auf jeder Seite mit Runen beschriebenen Viereck. Nur ein Bruchstück, eine Elle groß, hat sich erhalten, welches auf der Zeichnung (Tafel VIII) von zwei Seiten dargestellt ist. Den Verlust des Ganzen muss man bedauern, da auf diesem Stein dasselbe Alphabet vorkommt, das auf dem vorigen größeren Denkmal gebraucht worden, und sich gewiss aus der Vergleichung beider mancher Aufschluss ergeben hätte. Die deutsche Rune *ech* und *ih* steht auf der Seite a, *gibu* auf der Seite b, das Zeichen des *hagl* in der Bedeutung von A, und *thorn* kommt in doppelter Gestalt vor. Auf der Seite a lässt sich THAT, *that*, oder auch ATHR, *ádr*, antea, herausheben, doch damit würde wenig gewonnen sein, so wie durch Vermutungen über die vier Runen IATE der zweiten Linie. Dagegen scheint die Seite b ein paar Worte im Zusammenhang zu gewähren; ich lese: IATHU. THGL. AFA. *jathu* ist *gátu*, das Prät. Pl. von *géta*, erlangen, acquirere, das *G* ist durch das verwandte Jod ausgedrückt; *thgl* muss *thegl* gelesen werden, bekanntlich ließen die Runenschreiber oft bei einem Konsonant den Vokal aus, welchen der lateinische Name des Buchstaben hat, z. B. bei *H* das *A*: *hgva* für *hagva*; also bei dem *D* das *E*. *degl*, *dögl*, Neut. Pl. sind die Waffen, suppellex militaris; *afa* ist der Gen. von *afi*, Großvater. *Gátu dögl afa* heißt demnach: sie erhielten die Waffen des Großvaters. Ich nehme hier an, Enkel setzten ihrem Großvater einen Stein, auf welchem sie bemerkten, was sie von ihm geerbt hatten; bekanntlich aber erhielt der nächste männliche Erbe das Heergewette voraus. Es ist auch nicht ohne Beispiel, dass auf dem Runenstein angegeben worden, wer den Verstorbenen beerbt hatte (z. B. Bautil 155). Die zweite Linie enthält die *férune* dreimal nebeneinander und zwar auf den Kopf gestellt. Gilt sie hier als Zahl? Da F nach der alten Ordnung der erste Buchstabe ist, so würden drei F so viel wie III bedeuten. Vielleicht sollte damit die Zahl der Enkel ausgedrückt werden.

Ich schließe mit zwei allgemeinen Bemerkungen über die bisher betrachteten Runensteine:
Erstlich ist es gewiss, wir haben hier keine von Fremden herrührende Inschriften vor uns; sie sind in nordischer Sprache abgefasst, und so viel Einsicht in jede ist wenigstens gewonnen, dass der Gedanke, sie rührten etwa von einem Angelsachsen oder Deutschen her, nicht aufkommen kann. Mithin war aber das deutsche Runen-Alphabet auch im Norden bekannt und wurde angewendet, wenngleich nur selten.

Zweitens: es leidet keinen Zweifel, diejenigen, welche diese Runenschrift eingehauen, haben zugleich das altnordische Alphabet gekannt, da sie entweder nur einen Teil der deutschen Runen einmischten oder auch die verschiedenen Formen nebeneinander brauchten, wie in dem Leerager Stein. Dagegen kommt in allen fünf Inschriften nicht eine einzige punktierte Rune vor, was wohl verdient, bemerkt zu werden. Da nun das deutsche Alphabet schon in der Zeit des Hrabanus Maurus aufgezeichnet ist, bis in welche kaum der älteste Runenstein im Norden hinaufreicht, so darf man vermuten, dass ein doppeltes Alphabet, ein engeres und vollständigeres, schon damals nebeneinander bestanden habe. Bei dieser Ansicht würde es bedeutend sein, wenn die hier besprochenen Runensteine, wie es bei einigen schien, wirklich eine *Geheimschrift* enthielten; zugleich muss man sich der Worte des Hrabanus Maurus erinnern, wonach gerade beim Gebrauch seines Runenalphabets eine solche beabsichtigt wurde. Ich füge zwei Stellen aus den altnordischen Denkmälern hinzu, wo von unverständlichen, Geheimrunen (launstafir), die schwer auszulegen sind, die Rede ist. In der alten Edda (quida Gudrúnar. II. 22) heißt es von einem mit Runen bezeichneten Horn:

vóro i horni
hverskyns stafir,
ristnir ok rothnir;
rátha ek ne máttak.
Es waren im Horne
jederlei Art Buchstaben
eingeritzt und gerötet;
ich konnte sie nicht auslegen.

Und in der Egils-Saga S. 567:

Skalat madr rúnar rista,
nema rátha vel kunni;
that verdr mörgom manni,
er um myrkvan staf villiz.
sá ek á telgdu tálkni
tio laúnstafi ristna.
Niemand soll Runen schneiden,
wo er sie nicht wohl auslegen kann.
Es begegnet manchem Manne,
dass er bei dem dunklen Buchstab sich irrt.
Ich sah auf diesem mit dem Messer bereiteten Fischkiefer
zehn geheime Buchstaben eingeschnitten.

22. Runen auf dem Löwen zu Venedig

Nach der Eroberung von Athen im Jahr 1687 führten die Venezianer aus dem Piräeus zwei Marmor-Löwen, von unbezweifelt griechischer Arbeit, in ihre Hauptstadt, wo sie, vor dem Eingang des Arsenals, aufgestellt wurden und sich gegenwärtig noch befinden. - Ackerblad entdeckte zuerst auf dem einen, der auf den Vorderbeinen steht, eine Inschrift, und erkannte sie sogleich für eine runische. Nachricht davon nebst Nachzeichnung lieferte er in das Skandinavische Museum von 1800 (das jedoch erst 1803 ausgegeben wurde). Von dieser Abhandlung kam eine französische Übersetzung mit Anmerkungen von Villoison in Millins magasin encyclopédique Jahrg. IX. B. 5 p. 26ff. Auch ein Nachstich der Zeichnungen wurde geliefert, worin jedoch die Buchstaben bis auf den dritten Teil der wirklichen Größe verkleinert sind; ich wiederhole ihn hier (Tafel V).

Runen sind es ohne allen Zweifel, nur wer diese nicht kennt, kann sie für altgriechische Buchstaben halten. Für Runen hat sie auch neuerdings v. d. Hagen (Briefe in die Heimat II. 141) erkannt. Die Schlangenwindungen, welche den Runensteinen eigentümlich und jenen im Norden vollkommen ähnlich sind, überzeugen ebenfalls davon. Die Inschrift verbreitet sich von der Brust des Löwen auf beide Seiten des Leibes; der am meisten verschlungene Teil A steht rechts, der andere B links. Durch ein missgünstiges Schicksal ist die größte Zahl der Runen ausgekratzt und unleserlich, demnach alle Hoffnung vergeblich, etwas mehr als Vermutungen über einzelne Worte herauszubringen. Folgendes kommt mir merkenswert vor. Die einzelnen Worte scheinen nicht durch Raum oder Punkte getrennt, vielmehr die Schrift in einem fortzulaufen. Seite B auf der Stelle, die ich unten durch ein Kreuz bezeichnet habe, scheint der Anfang gewesen zu sein; die Schrift, wo sie wieder sichtbar ist, geht nach beiden Richtungen rechts und links fort. Seite A stößt sie bei der End-Verschlingung, da wo unten ein Kreuz steht, gegeneinander. Ferner: man bemerkt nirgends eine punktierte Rune, es müsste denn Seite B Kreuz 2 ein punktiertes E stehen. In diesen Merkmalen käme die Inschrift mit den früher besprochenen nordischen zusammen. Allein ich erkenne auch zwei deutsche Runen ganz deutlich: *ehu* (E) bei Kreuz 3 und *cên* bei Kreuz 4. Von dem vermutlichen Anfang der Seite B rechts die ersten lesbaren Runen enthalten das Wort URDU, das wäre der richtige Plur. Prät. von *verda*, werden, und damit eine nordische Form erkannt. Links die bei dem Kreuz 3 erhaltene Buchstabenreihe ADIHIER befasst vermutlich einen Teil von dem Namen des Runenschreibers. Die zunächst deutlichen drei Buchstaben RIT könnten das Prät. von *rita*, schreiben sein. Auf der Seite A hat sich noch weniger erhalten, ich glaube zweimal, wo unten die zwei Kreuze sind, zu lesen: THAIR, *their*, *ther*,

Pl. des persön. Pronomens, doch ist einmal die erste Rune TH, das andere mal die zweite A undeutlich.

Auf die Frage, wie diese Runeninschrift nach Athen gekommen sei, ist nicht schwer zu antworten. Höchstwahrscheinlich rührt sie von einem Nordländer, der sie in Athen auf den Löwen selbst mag eingegraben haben, vermutlich im 12. oder 13. Jahrhundert. Griechenland wurde nicht selten von den Nordländern besucht, in den Anmerkungen zu der Vita theodorici p. 471 teilt Peringskjöld einen Runenstein mit, auf welchem es von dem Verstorbenen heißt: „er erwarb Schätze in Griechenland." Auf einem anderen im Bautil 155 steht: „beide Brüder starben in Griechenland." Peringskjöld (p. 458 – 471) und Ol. Celsius (acta litterar. Sueciae 1728) haben die Steine zusammengestellt, die sich auf eine Fahrt nach Griechenland beziehen. Und dass es nicht bloß einzelne Fälle waren, beweist eine Stelle im Westgotischen Recht, die darauf Rücksicht nimmt; nämlich in dem vierten Balken vom Erbrecht c. 12 § 2 ist ausdrücklich festgesetzt: „keiner der in Griechenland wohnt, kann eines im Norden verstorbenen Mannes Erbe erlangen." (engsins mans arf taker then man i Griklandi sitter). Freilich ist unter Griechenland zunächst Byzanz gemeint, indessen nichts natürlicher, als die Vermutung, dass ein Nordländer von dort herab nach Athen gekommen sei und die Runen eingegraben habe.

Beilagen

A. Angelsächsisches Gedicht über die Runen-Namen

1. *Feoh* byth frofur fira gehwylcum, sceal theah manna gehwyle miclun hyt dålan, gif he wile for drihtne domes hleotan.	*1.* Geld *ist Trost* *für jeden Menschen,* *soll doch jeder Mann* *reichlich es austeilen,* *wenn er will vor dem Herrn* *Urteil empfangen.*
2. *Ur* byth anmod and oferhyrned, fela-frecne deor, feohteth mid hornum: måre mor-stapa: thåt is modig wuht.	*2.* Ur *ist hartnäckig* *und obengehörnt,* *ein vielfreches Tier,* *kämpft mit den Hörnern,* *gewaltig im Sumpfe stapfend:* *das ist ein stolzes Tier!*
3. *Thorn* byth thearle scearp thegna gehwylcum, anfengys yfyl, ungemetun rethe manna gehwylcun, the him mid resteth.	*3.* Dorn *ist sehr scharf* *jedem Menschen,* *anzugreifen übel,* *unmäßig hart* *jedem Manne,* *der mit ihm schläft.*
4. *Os* byth ordfruma ålcre språce, wisdomes wrathu and witena frofur, and eoria gehwam eadnys and to-hiht.	*4.* Mund *ist Anfang* *jeglicher Sprache,* *der Weisheit Stütze* *und der Klugen Trost,* *und der Menschen jedem* *Lust und Zuversicht.*
5. *Rad* byth onrecyde (on recede) rinca gehwylcum, sefte and swithhwåt, tham the sitteth on-ufan meare mågen-heardum, ofer mil-pathaf.	*5.* Ritt *ist daheim* *jedem Manne* *angenehm und stärkend,* *dem der sitzt oben* *auf vielkräftigem Ross,* *über lange Wege.*

6. *Cen* byth cwicera gehwam
cuth on fyre:
blac and beorhtlic
byrneth oftust,
thår hi åthelingas
inne restath.

7. *Gyfu* gumena byth
gleng and herenys,
wrathu and wyrth-scype
and wråcna gehwam
ar and ätwist,
the byth othra leas.

8. *Wen* ne bruceth
the can weana lyt
sares and forge (sorge),
and him sylfa håfth
blåd and blysse
and eac byrga geniht.

9. *Hägl* byth hwitust corna,
hwyrft hit of heofones lyfte:
wealcath hit
windes scura (scûras),
weortheth hit
to wätere syththan.

10. *Nyd* byth nearu on breostan,
weortheth hi theah oft nitha
bearnum
to helpe and to håle gehwåthre,
gif hi his hlystath åror.
(*Nead byth nearu on breoste
nitha bearnum,
weortheth heo theah to helpe
and to häle gewäthre,
gif hi his hlystath äror.)*

6. Kien *ist jedem Lebenden
kund im Feuer,
weiß und hell
brennt es sehr oft,
da wo die Edelinge
innen schlafen.*

7. Gabe *(Milde) ist der Menschen
Zier und Lob,
Stütze und Ruhm
und jedem Wandernden
Erz (Geld) und Speisung,
der ist anderer beraubt (ohne
Freunde).*

8. Hoffnung *braucht nicht,
der wenig weiß von Elend
Schmerz und Sorge,
und selbst hat
Glück und Freude
und auch Burgen genug.*

9. Hagel *ist das weißeste der
Körner,
es fällt herab aus Himmels Luft:
treiben es
Windes Schauer,
wird es
zu Wasser darnach.*

10. Not *ist eng in der Brust,
den Menschenkindern,
doch gereicht sie zu Hilfe
und zum Heile beides,
wenn sie darauf
hören zuvor.*

11. *Is* byth ofer cealdunge (ofer-
ceald),
metum (ungémætum) slidor,
glisnath glås-hluttur
gimmum gelicust,
flor forste ge worulit (geworht),
såger ansyne.

12. *Ger* byth gumena hiht,
thon god låteth,
halig heofones cyning,
hrusan syllan
beorhte bleda
beornum and thearfum.

13. *Eoh* byth utan
unsmethe treow,
heard hrusan-fåst,
hyrde fyres,
wyrtrumun underwrethyd
wynan (wyn) on ethle.

14. *Peorth* byth symble
plega (....)
and hlehter wlancum,
thar wigan sittath
on beor-sele
blithe åt somne.

15. *Eolh* seccard (Eolug secgeard)
håfth
oftust on fenne,
wexeth on wature,
wundath grimme,
blode breneth (byrneth)
beorna gehwylcne,
the him åuigne
onfeng gedeth.

11. Eis *ist überkalt,*
unmäßig glatt,
glänzt glashell,
Edelsteinen ähnlich:
Flur von Frost gewirkt,
lieblich anzusehen.

12. Jahr *(Gesegnetes) ist der*
Menschen Hoffnung,
wenn Gott lässt,
der heilige Himmelskönig,
die Erde geben
herrliche Früchte
Reichen und Armen.

13. Eoh *ist außen*
rauer Baum,
hart felsenfest,
Hirte des Feuers,
durch Wurzeln befestigt,
Freude im Vaterland.

14. Peorth *ist immer*
Spiel (.....)
und Scherz den Reichen,
wo Krieger sitzen
im Biersaale
fröhlich beisammen.

15. Schilf *hat Erde (wurzelt)*
sehr oft im Sumpfe,
wächst im Wasser,
wundet grimm,
brennt mit Blut
jeden Menschen,
der ihm einigen
Empfang tut (es anrührt).

16. *Sigel* se-mannum
symble byth on hihte,
thonn (thonne) hi hine feriath
ofer fisces beth (bäth),
oth hibrim (hi brim-) hengest
bringeth to lande.

17. *Tir* byth tacna sum,
healdeth trywa (treowa) wel
with åthelingas,
a byth onfårylde (on färelde)
ofer nihta genipu;
nåfre swiceth.

18. *Beorc* byth bleda-leas,
bereth efne swa theah
tanas butan tudder,
byth on telgum wlitig.
theah on helme
hrysted (hrisceth) fågere,
geloden leafum,
lyfte getenge.

19. *Eh* byth for eorlum
åthelinga wyn,
hors hofum wlanc,
thår him hålethe (hælethas) ymb,
welege on wicgum,
wrixlath språce;
and byth unstyllum
åfre frofur.

16. Sonne *den Seeleuten*
ist immer in Hoffnung (eine Freude),
wann sie fahren
über Fisches Bad,
oder Meeresross
sie bringt zu Lande.

17. Tir *ist der (Wunder-) Zeichen eins,*
hält Treue wohl
bei Edlingen,
ist immer auf der Fahrt
über der Nächte Wolken (Finsternis);
trügt nimmer.

18. Birke *ist früchtelos,*
trägt ebenwohl
Zweige ohne Samen,
ist in Ästen schön.
Doch in der Spitze
rauscht sie lieblich,
bewachsen mit Blättern,
von der Luft bewegt.

19. Pferd *ist vor den Menschen*
der Edelinge Freude,
Ross auf Hufen stolz,
wo untereinander Helden deshalb,
gewaltige im Streit,
Worte wechseln (es rühmen);
und ist unruhigen (eilenden, mutigen)
immer Trost.

20. *Man* byth on myrgthe
his magan (magum) leof,
sceal theah anra gehwylc
odrum swican,
for tham dryhten
wile dome sine (sînum)
thåt earme flåsc
eorthan betåcan.

20. Mann *ist in Freude*
seinen Blutsfreunden lieb,
doch wird einer
den anderen betrügen
(verlassen),
deshalb der Herr
will durch sein Gericht
das elende Fleisch
der Erde zurückgeben.

21. *Lagu* byth leodum
langsum gethuht,
gif hi sculun nethun (neothan)
on nacan tealtum (tealtian),
and hi så-ytha
swythe bregath,
and se brim-hengest
bridles ne gym (gŷmth).

21. Wasser *ist den Leuten*
beständiger Gedanke,
wenn sie sollen nieden
im Nachen schwanken,
und die Seewellen
sie gewaltig schrecken,
und das Meer-Ross
des Zügels nicht achtet.

22. *Ing* wås årest
mid east-denum
gesewen secgun,
oth he siththan est (est-*werd*)
ofer wåg gewat:
wån åfter ran.
thus heardingas
thone håle nemdun.

22. Ing *war zuerst*
unter den Ostdänen
gesehen von den Männern,
bis er hernach ostwärts
über die Flut ging,
der Wagen rollte nach.
Also die Führer
den Mann nannten.

23. *Ethel* byth ofer-leof
åghwylcum men,
gif he mot thår rihter (rihtes)
and gerysena
on brucan on blode
bleadum oftast.

23. Vaterland *ist überlieb*
jedem Manne,
wenn er muss da
nach Recht und Gerechtigkeit
richten in Blut,
bei furchtsamen oft.

24. *Dåg* byth drihtnes sond,
deore mannum,
måre metodes leoht,
myrgth and to-hiht
eadgum and earmum,
eallum brice (bryce).

24. Tag *ist des Herrn Bote,*
teuer den Menschen,
herrliches Licht Gottes,
Freude und Zuversicht
Reichen und Armen,
allen gedeihlich.

25. *Ue* byth on eorthan
elda bearnum,
flåsces fodor;
fereth gelome
ofer ganotes båth,
gar-secg fandath:
hwåther ac håbbe,
åthele treowe (treow)!

26. *Aesc* byth ofer-heah,
eldum dyre,
stith on stathule,
stede rihte hylt,
theah him feohtan (feohton) on
firas monige.

27. *Yr* byth åthelinga
and eorla gehwås
wyn and wyrthmynd,
byth on wicge fåger,
fåstlic on fårelde,
fyrd geacewa (fyrd-gemaca)
sum.

28. *Jor* byth ea fixa (ea-fisc)
and theah abruceth (a brûceth)
fodres onfaldan (on foldan),
hafath fågerne eard
wåtre beworpen,
thår he wynnum leofath.

29. *Ear* byth egle
eorla gehwylcun,
thonn fåstlice
flåsc onginneth
hrawcolian (hræw colian),
hrusan ceosan
blac to gebeddan:
bleda gedreosath,
wynna gewitath,
wera (wära) geswicath.

25. Eiche *ist auf dem Land*
den Menschenkindern
Fleisches (Leibes) Behältnis;
fährt häufig
über Wasserhuhns Bad,
erforscht die See:
jeder habe Eiche,
den edlen Baum!

26. Esche *ist überhoch,*
den Menschen wert,
fest im Grund,
hält recht Stand,
wenn gleich sie anfallen
viele Männer.

27. Bogen *ist Edelingen*
und Mannen, eines jeden
Freude und Ehre,
ist im Kampfe angenehm,
schnell auf der Fahrt,
ein Genosse im (Kriegs-) Zug.

28. Jor *ist ein Wasserfisch*
und frisst doch immer
Futters auf Erden,
hat die schöne Flur
mit Wasser beworfen,
wo er in Freuden lebt.

29. Ear *ist verhasst*
jedem Manne,
wenn unaufhaltsam
das Fleisch (der Mensch)
beginnt
als Leiche zu erkalten,
die Erde zu erwählen
bleich zum Weibe:
Freuden zerfallen,
Wonnen verschwinden,
Verbindungen werden gelöst.

Anmerkungen

Hickes hat dieses Gedicht (gr. anglosax. p. 135) zuerst aus einer Handschrift der cotton. Bibliothek (Otho B. 10) bekannt gemacht, jedoch ohne alle Erläuterungen. Es begleitet das eine Runenalphabet (Tafel III. Nr. I) gleichsam als Kommentar, indem es von dem Namen eines jeden Buchstaben eine poetische Umschreibung gibt; doch erstreckt es sich nur bis auf die Rune *ear*; die vier letzten bleiben unerklärt. Mir scheint der Geist der alten Dichtungen darin zu leben und ich stehe nicht an, es den ältesten, welche die angelsächsische Literatur aufbewahrt hat, an die Seite zu stellen, so dass es nicht bloß in Beziehung auf die Runen, sondern auch seines unabhängigen Wertes wegen der Betrachtung vollkommen wert ist. Kenner der eddischen Lieder werden eine gewisse Verwandtschaft damit finden: jene eigentümliche Anschauung einzelner Naturzustände, und den reichen, oft großartigen Ausdruck, der sich in mannigfachen Wendungen und immer von neuem angehenden Bildern gefällt. Wie schön und wahr gefühlt ist die Beschreibung von Eis, Wasser und Tag. Die Urschrift ist leider an mehr als einer Stelle sichtbar verderbt, weshalb die Übersetzung, die hier zum ersten Mal versucht worden, nicht bloß mit Schwierigkeit des an sich dunklen Inhalts zu kämpfen hatte. Die Abänderungen, die mir nötig schienen, um zu einem Sinn zu gelangen, habe ich zur Unterscheidung in Klammern zugefügt; ich zweifle nicht, dass manche durch glücklichere können ersetzt werden. Einige Bemerkungen verdanke ich auch meinem Bruder. Folgendes gehört noch zu näherem Verständnis der einzelnen Strophen:

1) *Geld*: Reichtum, Wohlhabenheit; *feoh* heißt ursprünglich *Vieh*, dann aber *pecunia*, gerade wie sich das lateinische Wort von *pecus* gebildet hat: wobei anzumerken ist, dass auch *fê* und *pe-cus* ursprünglich zusammen zufallen scheinen. Den ganzen Satz verstehe ich so: Reichtum hat für jeden Menschen großen Wert, doch wer vor Gericht erscheinen muss, auf dem Althing, der spare sein Geld nicht, um sich Anhänger zu verschaffen; wenigstens im Norden war ein großer Anhang sehr wichtig (Vgl. P. E. Müller über isländ. Historiogr. S. 9, 10). Es ist hier nicht Bestechung im bösen Sinn, sondern ein auf offenem Weg erworbener Einfluss gemeint. –

3) Ein *Dorn*, der sich eingedrückt hat, stört durch Schmerz den Schlaf; ich sehe aber hier eine Anspielung auf einen *Schlafdorn* (nord. svefnthorn), den man aus der Volsúnga-Saga (Kap. 29) kennt. Odin drückte ihn der Brynhild ins Haupt und sie geriet in einen Schlaf, aus dem sie nur gewaltsam konnte aufgeweckt werden. Solch ein zauberschwerer Schlaf ist hier wahrscheinlich gemeint. –

4) Der nordische Name *ós* bedeutet Mündung, er ist im angels. Alphabet beibehalten; das Wort selbst aber findet sich nicht in der angels. Sprache. Weil es der Verfasser des Gedichts nicht verstand, so erklärte er es nach dem lateinischen *os*, denn dass hier der *Mund* gemeint wird, ist außer Zweifel. An eine Verwandtschaft des nord. und lateinischen Wortes, die man gar wohl annehmen darf, dachte er dabei gewiss nicht. –

5) Schwierigkeit macht das Wort *onrecyde*. Lye-Manning, der es sichtlich bloß aus unserer Stelle kennt, übersetzt es durch revelatus, was aber ebenso unrichtig ist, als die Erklärung der ganzen Zeile, die man v. swithhwât findet; ein Participium ist es in keinem Fall. Die Verbesserung *on recede* gewährt einen guten Sinn, sobald man nicht den engen, ganz wörtlichen: in domo, annimmt, sondern den allgemeineren: daheim in Frieden, mit Lust; entgegengesetzt wäre dann der beschwerliche Ritt im Krieg, der mühselige Zug. – *Mîl-pathas* übersetzt Lye-Manning inter femitas, aber falsch: *mîl* heißt *Meile* und *mîl-pâth*, Meilenweg, ist epischer Ausdruck für einen langen Weg, so wie es in schwedischen Liedern heißt: rîda öfver den *tretti-mîla skôg* (Afzelius I, 6, 9, 19) *tolfmîla skôg* (I, 116). –

6) *cên* steht gewiss für das nordische *kôn*, ulcus, da das Wort im Angelsächsischen nicht bekannt ist, so hat der Dichter etwas anderes darunter verstanden, denn an Beule, Wunde denkt er offenbar nicht. Es fragt sich nur: welches? Aus dem Inhalt der Strophe selbst schließe ich, dass unter *cên* nichts anderes, als der *Kien*, plattd. *Keen*, das harzgesättigte Holz der Kiefer gemeint sei, das bekanntlich, weil es sehr hell brennt, an vielen Orten zum Leuchten gebraucht wird; wenigstens passt das Gesagte vollkommen darauf. –

12) *gêr*, annus, ist hier annona, ein mit reicher Ernte gesegnetes Jahr, das größte Glück der alten Zeit; auch das nordische *ár* hat beide Bedeutungen zugleich. Man opferte im Norden für Frieden und ein gesegnetes Jahr, als die beiden höchsten Güter. –

13) *eoh* kein angelsächsisches Wort, aus dem Inhalt der Strophe scheint aber zu folgen, dass die *Eiche* gemeint sei; hiermit stimmte dann der Name dieses Buchstabens in den St. Galler Runen, wo er *ih* lautet, welches *eih*, quercus, der monseeischen Glossen wäre. Nur kommt die Eiche noch einmal, bei der 25sten Rune, in der richtigen as. Form *âc* vor. Sollte dies *eoh* noch ein aus dem deutschen mitgebrachtes Wort sein? – *Hirte des Feuers*: das Holz, das die Glut nährt, bewahrt; ganz im Geist der eddischen Kenningar. –

14) *peorth* weiß ich nicht aus dem Angelsächsischen zu erklären, auch der Inhalt der Strophe hilft nicht fort; von einem Spiel ist die Rede, in der

deutschen Gr. S. 126 wird daher vermutet, *peorth* sei gleich mit dem isländischen *ped*, welches den Bauer im Schachspiel bedeutet. Im Persischen heißt er *piadeh*, franz. *pions*, ital. *pedone*, offenbar dasselbe Wort, und das könnte denn auch der altdeutsche Ausdruck: *vende* sein. Zu bemerken ist, dass das markomannische Alphabet und zwar in allen Rezensionen ein anderes Wort liefert: *perch* oder *perc*, was durch Berg zu übersetzen gar kein Hindernis vorhanden ist; Notker schreibt es auch mit der *ten. p.* Auch scheint in dem dritten oben angeführten angelsächs. Alphabet *peorch* die richtige Lesart zu sein. –

15) *eolug-secg* ist schwierig; im Lye-Manning ist dabei folgendes bemerkt: papiluus, papiluum, papitium. MS. Quid autem sibi velint haec, nescio: forte, populeum unguentum scilicet ex germinibus nigrae populi compositum. Somner, *eolx*, idem. Ich halte die Somnersche Vermutung für ganz falsch, auf keinen Fall könnte sie auf den Sinn unserer Strophe angewendet werden. Indessen hilft *secg* auf die Spur, es heißt *carex* und ganz deutlich wird hier nichts anderes, als hartes, beim Anfassen die Hand schneidendes Schilf beschrieben. Der Zusatz kann also kaum etwas anderes, als eine besondere Art desselben anzeigen. Im Angelsächsischen finde ich keine Auskunft, aber aus dem gälischen Wörterbuch (Focaloir. Paris 1768) sehe ich, dass eben das Ried im gälischen *giolc, ciulc, giolcog, giolcach* heißt[61] und ohne Zweifel ist *eolx, eolug* dasselbe Wort, nur ohne vorgesetzten Kehllaut, *eolug-secg* also genau so viel als *read-secg*. Der Buchstabe selbst ist wohl erst durch das lateinische Alphabet veranlasst worden, da der Laut desselben sonst vollkommen durch HS, CHS bezeichnet wurde. –

16) *Fisches Bad* ist wie Str. 25 *Wasserhuhns Bad* ein poetischer Ausdruck für *See; Meer-Ross* für *Schiff*. Ähnlich das eddische *brimdýr*, bellua marina, (Helga-Quida I, 46) oder *hest såkonúuga*, Ross der Seekönige (Snorra Edda von Rask. S. 166). –

17) Bei *tîr* wird nicht die angelsächsische Bedeutung des Wortes (dominus), was klar ist, sondern, wie ich vermute, die Bedeutung des Zeichens selbst beschrieben. Das runische *T* hat nämliche die Gestalt von Thors Hammer oder dem *nordischen Kreuz*, man pflegte etwas, das sollte heilig gehalten werden, damit einzuweihen, ja man machte das Zeichen auch nur mit den Fingern darüber. So war es Sitte, bevor man trank, den Becher zu weihen, segnen (at signa fullit); selbst der Scheiterhaufen, auf dem Baldur und Nanna verbrannt werden sollten, wurde von Thor, nach der Edda, erst mit dem Hammer geweiht. Die Worte: „hält Treue bei Edelingen“

[61] In dem galic dictionary von *Shaw* steht fälschlich *giole* und *gioleog*.

und am Schluss: „trügt nimmer“ lege ich demnach aus: das Kreuz ist ein untrügliches, sicheres Zeichen, was damit geweiht geworden, wird als heilig und unverletzlich unter Edelingen betrachtet. Das folgende: „ist auf der Fahrt über der Nächte Wolken“ erkläre ich: über dem schwarzen Gewölk erscheint den Reisenden das Kreuzeszeichen als strahlender *Blitz*. Nämlich *T*, Thors Hammer, war zugleich Symbol des Blitzes, der oft in jener Gestalt ausstrahlt oder im Zickzack das Kreuz bildet. –

20) *Fleisch*: Leib, Mensch, wie es scheint nach der biblischen Sprache, so auch hernach Str. 25 und 29. –

22) Es ist schwer zu sagen, wer dieser *Ing* sein soll. Er war zuerst unter den Ostdänen gesehen, d. h. er lebte zuerst in Schweden. –

23) Es wird der Satz ausgedrückt: nur in der Heimat kann man Recht finden und sprechen, wo der Gerichtsfrieden herrscht. Anders weiß ich mir die den Worten und dem Sinn nach dunkle Strophe nicht zu erklären. –

25) Die *Eiche* ist immer vom höchsten Wert, auf dem Land ist sie des Leibes Behältnis (denn *fodor* ist hier *fodder*, theca), damit könnte nun das aus Eichenholz erbaute Haus oder auch das Bett gemeint sein; dagegen auf dem Meer trägt den Menschen das hölzerne Schiff. –

27) Dass ŷr, Bogen, sonst nicht im Angelsächsischen vorkomme, mithin aus dem Nordischen abstammen müsse, ist schon oben (siehe S. 47 unten) bemerkt. –

28) Was unter *jor* für ein Tier gemeint sei, kann ich nicht mit Gewissheit bestimmen; die ganze Beschreibung scheint aber auf den *Aal* zu passen, der aus dem Wasser ans Land geht und da Nahrung sucht. Im Angels. heißt er freilich auch *ål*, dagegen das slawische *hugor, sugor* könnte mit *jor* verwandt sein, was allerdings sehr merkwürdig wäre. –

29) *ear* heißt sonst spica, arista, und *eare* ist auris, doch keins von beiden wird hier gemeint. Wäre der Grundbegriff Spitze, so dürfte man an *Pfeilspitze* denken, dazu fügte sich allenfalls der an sich dunkle Sinn; allein es scheint ein viel größeres Verderben, ein völliger Untergang eines Volks, durch Krieg oder etwa durch eine *Seuche, Pest* beschrieben. Das angels. *ea* entspricht dem nordischen a und á, dort findet sich aber *ár, ári*, böser Geist, in welcher Bedeutung hier *ear* stehen könnte. Nach einer anderen Vermutung wäre es so viel, als das hochdeutsche *as*, Leichnam, indem, wie in *hara*, Hase, das *s* in ein *r* müsste übergegangen sein. *Bleich die Erde zum Weib wählen*: in die Erde versenkt, begraben werden.

B. Nordisches Gedicht über die Runen-Namen

1. *Fé* velldr frånda rógi,
fådist ulfur i skógi.

2. *Úr* er af ǒllu (elld-) járni.
opt sleipur (sleppr) rani á hiar-
ni.

3. *Thuss* velldur qvenna qvillu
(qvilju).
kátur verdur fár af ellu (elju).

4. *Ǒs* er flestra ferda,
enn skálpr er sverda.

5. *Ridr* (reid) qvåda hroffum vesta.
Raghn er sverdit brádesta.

6. *Kaun* er beggia barna (beggia-
barna).
bǒl giorir near (nár) folvarna
(full-farna).

7. *Hagl* er kaldastur korna.
Kristur skóp heiminn forna.

8. *Naud* giorir napa kosti,
naktan kiålir i frosti.

9. *Ís* kǒllum brú breida.
blindan tharf at leida.

10. *Ár* er gumna gódi.
gét ec, at ǒr var Fródi.

11. *Sól* er landa liómi.
Luti (lýt) ec at helgum dómi.

12. *Týr* er einhendur Ása.
opt verdur smidur at blása.

13. *Biarkan* er lauf-grånst lima.
Loki bar flerdar (flärdar) tima.

14. *Laugr* er thad er fellur ur fialli.
fost en gull eru nalli (?).

15. *Madr* er moldur (moldar) auki.
mikil er greip á hauki.

16. *Ýr* er urtur (?) grånst vida.
vant er thar er brenner at svída.

---

1. Geld *bringt Streit unter Verwandte.
Der Wolf nährt sich im Walde.*

2. Funke *fliegt aus glühendem Eisen.
Oft eilt der Schnabelschuh über
gefrorenen Schnee.*

3. Riese *macht Weibern Angst.
Niemand freut sich über Feind-
schaft.*

4. Mündung *(Einfahrt) ist bei den
meisten Reisen,
aber die Scheide bei dem
Schwert.*

5. Ritt *sagt man sei den Rossen
das Schlimmste.
Ragn ist das schnellste (herr-
lichste) Schwert.*

6. Beule *haben beiderlei Kinder.
Elend macht zur Leiche die
vollkräftigsten.*

7. Hagel *ist das kälteste Korn.
Christus schuf die alte Welt.*

8. Not *macht knappe Kost.
Den nackten friert's im Frost.*

9. Eis *nennen wir eine breite Brücke.*
Der Blinde muss geleitet werden.

10. Fruchtbares Jahr *ist der Menschen Glück.*
Ich höre, dass Frode freigebig war.

11. Sonne *ist der Erde Licht.*
Ich unterwerfe mich dem heiligen Ausspruch.

12. Tyr *ist der einhändige unter den Asen.*
Oft beginnt der Schmied zu blasen.

13. Birke *ist das laubgrünste Gezweig.*
Loke brachte Falschheit ins Glück.

14. Wasser *fällt vom Berge.*
....

15. Mann *(Mensch) ist Vermehrung der Erde.*
Groß ist die Klaue am Habicht.

16. Bogen ....
Wo es brennt, pflegt es zu schmerzen.

Anmerkungen

Ol. *Worm* hat dieses Gedicht aus einer Handschrift der Kopenhagener Universitäts-Bibliothek in der litteratura runica p. 95 – 97 abdrucken lassen, auch stückweise übersetzt und Bemerkungen hinzugefügt. Er nennt die Hs. eine alte, indessen leuchtet weder aus Form noch Inhalt des Gedichtes ein hohes Alter hervor, wahrscheinlich ist es in dem 15ten Jahrh. abgefasst, darauf deutet auch die Verbindung des Reims mit der Alliteration. Gleichwohl könnte sich einiges aus einer älteren Grundlage erhalten haben, weshalb ich es nicht übergehen wollte; mit dem Angelsächsischen hat es nur insofern Ähnlichkeit, als bei einigen Runen derselbe oder ein verwandter Gedanke geäußert wird, wie bei Hagel, Sonne, Birke, worauf jedoch das Wort selbst sehr natürlich leiten konnte; sonst ist es aber in keiner Weise damit zu vergleichen. Die zweite Zeile ist jedes Mal bloß des Reims wegen zugesetzt und steht ihrem Inhalt nach mit der ersten weiter in keiner Verbindung. – Zu dem Einzelnen folgendes:

2) *ûr* ist hier in der Bedeutung von scintilla genommen, es ist dann ein Neutr. während *ûr*, urus, ein Masc. ist. – *rani*, eigentlich Schnabel, welche Bedeutung Biörn Haldors. allein hat; indessen führt Ol. Worm aus, dass hier der Schneeschuh gemeint sei, der aus einem langen und schmalen, also schnabelförmigen, geglätteten Holz besteht, und womit man im Norden über die Schnee- und Eisfelder hineilt. Statt *sleppr* könnte man auch lesen: *hleypr*, lauft. –

3) Da *qvilju* hier der von vallda bestimmte Dat. ist, so setzt es einen Nom. *qvilja* als Fem. Voraus, während *qvilli*, Masc. Gewöhnlich ist. –

4) Ol. Worm übersetzt: in ostiis fluminum iter frequentissimum. –

5) *vesta* steht für *versta*. Wegen des Schwerts *Ragn* verweist Ol. Worm auf die Edda, wo ich aber nichts darüber finden kann. –

6) *kön* hier etwa: Blattern, Ausschlag; beides Knaben und Mädchen werden davon befallen. Ol. Worm: fratribus sors eadem; weil nämlich die, welche zusammen wohnen, leichter angesteckt werden. Vielleicht steht *böl* hier für die Beulenkrankheit, Pest. –

10) *Frodes* Freigebigkeit war bekannt und sprichwörtlich, allein nicht bloß im Norden, auch in Deutschland; die Zeugnisse darüber in W. Müllers Askania I. 154 – 57. –

14) Die zweite Zeile verstehe ich nicht; Ol. Worm übersetzt, aber sichtbar auf gut Glück: aurum peculium pretiosum. –

16) Das Wort *urtur* ist mir dunkel. Ol. Worm auf Geratewohl: arcus tam hyeme quam aestate flexilis.

Anhang

I. Steine mit Zeichen, aus heidnischen Grabhügeln

Zu den deutschen Landschaften, in welchen sich aus heidnischer Vorzeit jene Grabhügel finden, welche vom Volk gewöhnlich *Hünengräber* genannt werden, gehört bekanntlich auch *Hessen*. Gleich in der Nähe von Kassel, auf dem so genannten Kratzenberg, wurde im Jahr 1777 eine zerscherbte Urne aus dem Kalkboden gegraben; bei Anlegung der Kunststraße nach Wilhelmshöhe sind gleichfalls einzelne Stücke hinter Welheiden zum Vorschein gekommen. In großer Menge finden sich noch ungeöffnete Hügel hinter dem Habichtswald bei dem Dorf Ehlen, von da rechts bei Harleshausen; ferner nördlich im Reinhardswald. Noch weiter hinauf bei Karlshaven wurden unten an dem Berg bei dem Anbau der Friedrichsstraße Urnen ausgegraben. Im Jahr 1674 sind sie in der Gegend von Hersfeld gefunden und späterhin weiter südlich in der Grafschaft Schlitz, zwischen Hersfeld und Fuld. Am häufigsten jedoch scheinen sie in Niederhessen, dem eigentlichen Sitz der Chatten, vorzukommen. Im Anfang des vorigen Jahrhunderts wurden in der Nähe des Dorfes Maden bei Gudensberg auf der so genannten Maderheide, unweit dem Ederfluss, Nachgrabungen angestellt, deren Gewinn *J. H. Schminke* in einer besonderen Dissertation beschrieben und in Abbildungen bekannt gemacht hat: de urnis sepulchralibus et armis lapideis veterum Cattorum. Marb. 1714. 4. In neuester Zeit hat Hr. Hofarchivdirektor *Rommel* in der Gegend von Dillich und Borken Nachgrabungen veranlasst, Waffen von feinem Kupfer, wie es in den nordischen Gräbern häufig vorkommt, Nägel und ein Gerät von demselben Erz sind gefunden und in das kurfürstliche Museum zu Kassel abgeliefert worden. In jener Gegend sollen sich noch an dreißig unaufgegrabener Hügel befinden.

Die merkwürdigsten waren unstreitig jene bei Maden. In dem höchsten dieser Gräber fand man über den drei Urnen auch drei menschliche Gerippe und zwar auf den Leib gelegt. Diese Vermischung zweier Gebräuche gehört zu den selteneren Fällen. Etwas Ähnliches führt Schminke an:[62] zu Warnstadt in Sachsen hat man auf einer Seite die Urne mit den gebrannten Knochen eines Kindes gefunden, auf der anderen Seite Knochen von einem begrabenen Menschen, schon ziemlich mürb, zwischen beiden aber in der Mitte ein vollkommenes Mannsgerippe, zu dessen Seite ein Spieß lag. Auch in den um Wiesbaden herum neuerdings entdeckten Gräbern hat man Urnen mit verbrannten

---

62 Aus *Büttner* über den Leichenbrand Kap. 7. – Dagegen im ganzen, mit Grabhügeln angefüllten Schlesien findet sich kein Beispiel davon. S. Budorgis von *Fr. Kruse*, S. 104 Anm.

Knochen und unverbrannte Gerippe in geringer Entfernung voneinander ausgegraben. Unter den Braunfelsischen Hügeln enthielt gerade der höchste ein Gerippe, ein anderer Gerippe und Urne zugleich;[63] in den bei Dornburg im Weimarischen geöffneten Gräbern kam der Fall vor; auch in den slawischen Hügeln in Pommern hat man ihn bemerkt.[64] Es wird dadurch die Vermutung immer wahrscheinlicher, dass das Verbrennen und die Beerdigung der Leichen zu gleicher Zeit üblich gewesen[65] und in demselben Grabhügel beide Gebräuche in Ausübung kommen konnten, wahrscheinlich nach einer bestimmten, nur noch unbekannten Unterscheidung.[66] Merkwürdig ist, dass die Gerippe oben waren, im Norden hat man ein Beispiel von einer Steinkiste, wo die verbrannten Knochen oben und ein paar Ellen tiefer darunter die unverbrannten Gerippe lagen.[67] In dem Grab bei Jägerpriis, welches *Erich Pontoppidan* beschrieben hat,[68] fand man erst die Aschenkrüge, in der Steinwölbung aber drei Gerippe und eines voranliegend. Vielleicht waren es in dem Grab bei Maden die Leichen der Sklaven oder getöteten Feinde, zumal es einem vornehmeren scheint bestimmt gewesen zu sein; dahin wäre auch die seltsame Lage auf dem Leib, nicht auf dem Rücken, also mit abgewendetem Gesicht (ob mit den Köpfen gen Morgen zu, ist nicht bemerkt), zu deuten, während im Norden das Angesicht der Leiche wahrscheinlich immer gegen die Sonne ge-

---

63 *Schaum,* Altertümer S. 32 und 52.

64 *Sell*, Gesch. v. Pommern I, 20.

65 Vgl. *B. Thorlacius* über Hügel und Steinkreise und *Sjöborg* Nomenclatur s. 63.

66 *Rogge* (über das Gerichtswesen der Germanen S. 38, 39), der aus eigenen Gründen behauptet, das Beerdigen der Leiche sei ein altdeutscher, nicht erst durch das Christentum eingeführter Gebrauch, leitet mit Scharfsinn die Verschiedenheit in der Bestattung aus der Genossenschaft der Deutschen und meint, alle die eines natürlichen Todes gestorben, seien mit ihrem Wehrgeld beerdigt, dagegen die übrigen, z. B. die im Kampf gebliebenen, verbrannt worden. indessen steht dieser Vermutung entgegen: die große Menge von Aschenkrügen, die man beisammen gefunden, ohne ein einziges Gerippe; der weibliche Schmuck, der oft bei verbrannten Knochen lag und die kleinen Urnen, in denen höchstwahrscheinlich die Asche eines Kindes aufbewahrt wurde; in den beiden letzten Fällen, darf man doch wohl voraussetzen, war der Verbrannte eines natürlichen Todes gestorben. Ganz gewiss würde auch in einer nordischen Sage dieser Unterscheidung einmal gedacht sein.

67 Vgl. *Sjöborg*, S. 93 und *Thorlacius,* S. 253.

68 Histor. Abhandlungen der königl. Gesellschaft der Wissenschaften zu Kopenhagen, übersetzt von *V. A. Heinze*, VII, S. 287 ff.

richtet war.[69] Für jene Vermutung spricht die Beschreibung von einem bei Eichstätt aufgegrabenen Hügel.[70] Hier lag nur das mittelste Gerippe, wahrscheinlich also der Herr, auf dem Rücken, mit dem Antlitz gegen Aufgang, die anderen aber waren gegen die Erde und zwar gen Mittag gekehrt. Man hat in dem Mader Grabhügel auch die so genannten Donnerkeile, Steinpfeile und den Streithammer gefunden; wenn sich die von *Skule Th. Thorlacius*[71] scharfsinnig ausgeführte Vermutung bestätigt, wonach dies bloß simulacra armorum und Symbole der verschiedenen Wirkungen (der zerspaltenden, durchbohrenden und zermalmenden) von Thors Blitz sind, welche gegen die Trolde und Erdgeister zum Schutz den Toten beigelegt wurden[72] und einer vorodinischen Religion zugehören, so wäre jenem Hügel ein Alter von wenigstens 19 Jahrhunderten zuzuschreiben; leicht kann er noch viel älter sein. Auch die Gegner jener Meinung[73] erkennen übrigens in diesen Dingen Heiligtümer, die dem Toten mitgegeben wurden, um ihn gegen Böses zu bewahren und glauben an einen Zusammenhang derselben mit der altnordischen Religion. Merkwürdig ist ein ovaler, einem *kleinen Ei* ähnlicher *Stein*, der gleichfalls zum Vorschein kam und wovon mir bis jetzt eigentlich nur noch ein Beispiel bekannt ist. In einem bei Kobelitz in Schlesien geöffneten Grab nämlich hat man zur Seite der Urne einen ganz ähnlichen von feinem Sandstein gefunden, der noch mit einer Glasur überzogen war.[74] Doch scheinen auch die länglichrunden Stücke von schönem Milchquarz in den Wiesbadischen Gräbern hierher zu gehören. Ist dieser Eistein vielleicht der wie ein Auge geformte, vorzüglich aus dem eddischen Wölundslied bekannte Jarknastein des Nordens? Oder jener heilige Stein, dergleichen beim Kesselgriff in das siedende Wasser geworfen wurden? Oder der *Weise* in der deutschen Krone? In den Gerbertischen Glossen S. 87 kommt der merkwürdige Ausdruck: *wîselstein*: Penas vor. Wenigstens eine symbolische Bedeutung darf man dabei annehmen, noch eher als bei den Dreieckssteinen, die Dorow in den Hügeln bei Wiesbaden fand, und die man mit den drei gleichseitigen Dreiecken von Erz in dem Eichstättischen Grab

---

69 *Sjöborg* S. 97. Auch in dreien zu Cambridgeshire in England geöffneten, alten Gräbern fand man die menschlichen Gerippe auf dem Rücken liegen (Morgenblatt 1819, Nr. 19).

70 Von *J. Pickel*, Nürnberg 1789, S. 32, 37, 47.

71 Om Thor og hans Hammer. Skand. Museum 1802, Heft 3 und 4.

72 Es ist wohl erlaubt, hierbei die bekannte Sage vom Schmidt zu Jüterbock anzuführen, welcher sich von Gott die Gunst ausbittet, dass *sein Hammer mit in den Sarg gelegt werde, um damit die Teufel und bösen Geister abzuhalten.*

73 *Sjöborg* S. 100. Zu vergleichen ist auch, was von einer Abhandlung *Wiardas* über diesen Gegenstand in den Götting. gelehrt. Anz. 1819, St. 27 mitgeteilt worden.

74 Budorgis von *Fr. Kruse* S. 173.

zusammen halten muss. – Ich merke noch ausdrücklich an, dass jene hessischen Gräber nichts von Eisen enthielten, welcher Umstand an sich schon auf ein hohes Alter hinweist.

Es müsste einmal in einem Werk zusammengestellt werden, was über die deutschen Grabhügel in einzelnen Schriften enthalten oder sonst hier und da zerstreut ist. Die verschiedenen, oft rätselhaften, kleinen Stücke von Erz, das Geräte und die Zierraten, die man neben den Urnen von vielfach abwechselnder Form findet, sind besonderer Rücksicht wert. Die wenigen Fälle ausgenommen, wo man römische Kaisermünzen aus den zwei ersten Jahrhunderten entdeckte, welche gleich für einen gewissen Zeitraum entscheiden, würden sich jenen Dingen noch am ersten Vermutungen über das verschiedene Zeitalter der Gräber abgewinnen lassen. Kupfertafeln, nur genau, nicht kostbar gearbeitet, dürften einem solchen Werk nicht fehlen. Ein anderes Bedürfnis wäre eine Karte, welche die Punkte angäbe, wo man bis jetzt Hügel gefunden hat. Merkwürdig ist ohne Zweifel der Umstand, dass sie im südlichen Deutschland, in Baden, Württemberg, Bayern und Österreich äußerst selten zu sein scheinen, jene zu Eichstätt sind, so viel ich weiß, die einzigen, die man bis jetzt entdeckt hat, und auch diesen darf man kein sehr hohes Alter zuschreiben.

Die Wichtigkeit und Bedeutung der Grabhügel als der ältesten Zeugnisse einer vorgeschichtlichen Zeit hat neuerdings *Ritter* gezeigt.[75] Die Ostseite des Pontus Euxinus, die alte Asia, ist ihre eigentliche Heimat, von da dehnen sie sich durch ganz Osteuropa bis zum Rhein, auf der anderen Seite bis nach Indien aus. Längs des Nordrandes von Hochasien, im sibirischen Gebirge bis zu den Hochsteppen an dem Saisam-See liegen in unzählbarer Menge die einem verschollenen Volk zugehörigen Tschudengräber. Am Ganges werden die Urnen aus großen Tiefen ausgegraben und müssen von einem altasiatischen Volk herrühren, da Grabhügel bei den Brahmanen nicht gebräuchlich sind. Wir finden sie bei den alten Griechen, Etruskern, Germanen, Sarmaten, Alanen, Slawen und die Verwandtschaft, die in den Sprachen dieser Völker entdeckt worden, scheint auch in diesem uralten, ohne Zweifel auf religiösen Ansichten über die Fortdauer nach dem Tod ruhenden, Gebrauch hervorzudringen.[76]

---

[75] Vorhalle europäischer Völkergeschichten. S. 227 – 260. Erdkunde I. 545 ff.

[76] Da der Gegenstand auf diese Art in Anregung gebracht ist, will ich einiges zur Literatur bemerken. Einen Bericht über die bis zum Jahr 1798 in Deutschland ausgegrabenen Hügel enthält eine Abhandlung von *Hirt* in den Memoiren der Berliner Akademie von jenem Jahr: sur les monumens sépulcraux des anciens peuples du Nord. Darin ist auch ein Teil der hierher gehörigen Literatur angegeben, viel

vollständiger findet man sie bei *Lawätz* Art. Begräbnis, auch ist *J. A. Fabricii* bibliogr. antiq. p. 1030. seqq. zu vergleichen. *Chr. Fr. Schulz*, Nachricht von den an verschiedenen Orten in Sachsen gefundenen Totentöpfen. Friedrichst. 1767 gibt eine Übersicht. Sonstige Nachträge bei *Ersch*, Handbuch der deutschen Literatur Abt. VI, S. 198 und aus den Schriften gelehrter Gesellschaften in dem Repertorium von *Reuß* T. VIII. p. 62. Doch ist seitdem manches wieder an den Tag gekommen, da für solche sichtliche und greifbare Altertümer wie die Urnen sind, am leichtesten eine Teilnahme entsteht und manche Privatsammlung ohne wissenschaftliche Absicht, bloß dieser Freude wegen, angelegt wird. Zu Giebichenstein in Sachsen habe ich eine solche gesehen, zu Arolsen im Waldeckischen befindet sich eine, ohne Zweifel mehr als eine in Niedersachsen auf adeligen Höfen. Über die neueren Nachgrabungen in Thüringen, (denn *Dalberg* ließ schon in den achtziger Jahren solche in der Gegend von Erfurt anstellen) findet man Nachrichten in den *Kuriositäten* des Hrn. *Vulpius* und in dessen *Vorzeit* (Bd. II). Auch *Göthe* über Kunst und Altertum II. 189 – 192 redet davon. Dort hat nach bestimmten Zeugnissen bis ins achte Jahrhundert die heidnische Sitte fortgedauert. Von *Kortums* Beschreibung einer germanischen Grabstätte wird hernach noch die Rede sein. *Meyer*, Darstellungen aus Norddeutschland (Hamburg 1816, S. 295 – 314) gibt Nachricht und Abbildungen von den Hünengräbern und dem darin gefundenen Gerät im Holsteinischen. *Menu von Minutoli*, Abhandlungen vermischten Inhalts (Berlin 1816) beschreibt eine bei dem Dorf Mombach, unweit Mainz gefundene Urne; ist sie, was er als zweifelhaft hinstellt, wirklich deutschen Ursprungs, so ist sie insofern merkwürdig, als dies mit der südlichste Punkt wäre, wo sie noch vorgekommen. Von den ganz vor kurzem bei dem Festungsbau zwischen Ehrenbreitstein und dem Dorf Rothenbahn entdeckten Gräbern hat man in öffentlichen Blättern gelesen, sie sollen aber römischen Ursprungs sein. In der Gegend von Wiesbaden, an den Ufern der Lahn, dann über den Feldberg bis zum Dünsberg bei Gießen in Hessen sind von *Dorow* schätzbare und sorgfältige Nachforschungen angestellt. Das erste Heft, welches das Amt Wiesbaden begreift, ist bereits erschienen: Opferstätte und Grabhügel der Germanen und Römer am Rhein, Wiesbaden 1819 mit 22 Steindrücken und einer Karte. Hieran schließen sich die Reihen von Hügeln, welche der Fürst von Solms Braunfels in seinem Gebiet hat öffnen lassen und welche durch *J. C. Schaum* beschrieben sind: die fürstliche Altertümer-Sammlung zu Braunfels. Mit einigen Nachbildungen 1819. In Schlesien sind in der Nähe von Militsch neuerdings Nachgrabungen angestellt und Urnen ausgegraben worden. *Budorgis* von *Fr. Kruse*, Leipzig 1819 enthält eine genaue Angabe aller Orte in Schlesien, wo sich Grabhügel befinden und eine sorgfältige Beschreibung der geöffneten; überhaupt ist dies eine schätzbare Arbeit. – *Büsching* hat ein Heft heidnischer Altertümer Schlesiens herausgegeben. Leipzig 1820. – Über die Gräber in der Provinz Lüneburg kann man *Spiels* vaterländ. Archiv II 1.Heft, S. 18ff nachsehen. Die beste Übersicht über die mannigfachen nordischen Grabstätten enthält *Sjöborgs* Försök till en Nomenklatur för nordista Fornlemningar. Stockh. 1815. S. 37 – 112 auch ist zu vergleichen *B. Thorlacius*, Populäre Aufsät-

Diese Vorbemerkungen sollen die Nachricht von einem Fund einleiten, welcher vorzugsweise Aufmerksamkeit verdient. Zu *Willingshausen*, einem der Familie *von Schwertzell* zugehörigen Gute, zwei Stunden hinter Ziegenhain, lagen, wie überhaupt in der Umgegend, alte, längst gekannte Grabhügel. Sie fanden sich auf einer Anhöhe der *Jettenberg* (Riesenberg) genannt, mitten in einem Eichenwald[77] und zwar, wie man auch sonst in Hessen will bemerkt haben, lagen ihrer sechs bis sieben von verschiedener Größe in geringer Entfernung beisammen. Der größte war ehedem, der Sage nach, äußerlich mit einem Steinkreis, wie dies im Norden nicht selten ist, umgeben, aber schon seit sechzig Jahren, wo man die Steine zum Straßenbau abholte, seiner Zierde beraubt. In dem angrenzenden Darmstädtischen sollen sich noch Hügel mit ihren Steinkreisen erhalten haben, so wie man sie auch im Braunfelsischen findet.[78] Im Herbst 1817 ließ Hr. Rittmeister von Schwertzell diesen Hügel von Osten nach Westen durchgraben; es zeigten sich, der Erzählung nach, zwei von Sandsteinen zusammengestellte in jener Richtung parallel laufende Mauern (wahrscheinlich ein Teil des auf diese Art gebauten Kessels), und in der Mitte, etwa 5 bis 6 Fuß tief, kamen drei übereinander stehende Urnen von sehr verschiedener Größe zum Vorschein; die größte unten, die kleinste oben; von welcher Stellung man auch im Norden Beispiele hat.[79] Sie waren mit Asche, gebrannten Knochen und eingedrungener Erde gefüllt, sonst von runder Form und ohne Zierlichkeit, die Masse war schwarzgrauer Ton, die Arbeit roh; wie sich das schon öfter so gefunden hat. Sonst wurde nichts entdeckt, namentlich nichts von jenen kleinen Dingen und Geräten aus Erz, nicht einmal ein Metallring. Im Herbst 1818 ließ Herr v. Schwertzell noch weiter bis etwa 9 Fuß in die Tiefe nachgraben, man kam auf die gemauerte Grundlage (des Kessels, wie ich vermute) und brach sie heraus, es wurde aber nichts weiter entdeckt. Etwa dreißig Wagen Steine mochten aus dem Hügel, der doch noch nicht zur Hälfte abgetragen ist, herausgeworfen sein.

Als die Urnen schon hervorgehoben waren, bemerkte man unterwärts einen nach Art des ganzen Mauerwerks von kleineren fest gekeilten Stein, welcher

---

ze über das römische und nordische Altertum, worin S. 222 – 292 von den Hügeln und Steinkreisen des Heidenalters gehandelt wird. Die neuesten Nachrichten aus Dänemark über diesen Gegenstand liefern die *Antiquarischen Annalen.*

77 Es ist daher keine feste Regel, dass man die Hügel nur an unfruchtbaren Stellen errichtet habe, ob dies gleichwohl in Norddeutschland der häufigste Fall mag gewesen sein. Die Gräber bei Wiesbaden befanden sich zum Teil im Wald, die Braunfelsischen sämtlich, und auch an anderen Orten hat man Beispiele davon; s. *Hummel* Beschreibung entdeckter Altertümer in Deutschl. Nürnb. 1792, S. 179.

78 *Schaum*, Altertümer von Braunfels.

79 *Sjöborg*, S. 98.

eingehauene Zeichen zu enthalten schien. Er wurde herausgenommen und bei erregter Aufmerksamkeit unter den übrigen schon herausgeworfenen Steinen weiter nachgesucht, wo sich dann noch vier kleinere mit ähnlichen Zeichen fanden. Wo diese in dem Mauerwerk gestanden, ist also ungewiss. Sie wurden sämtlich aufbewahrt und ich kann sie aus eigener Ansicht beschreiben. Alle fünf bestehen gleich den übrigen in dem Hügel aus gewöhnlichem Sandstein und sind Bruchstücke; es ist auch gar kein äußerlicher Grund da anzunehmen, dass sie einmal Zusammenhang gehabt und ein Ganzes ausgemacht hätten, sie sind im Gegenteil von verschiedener Dicke. An einem könnte wohl eine Seite behauen gewesen sein, doch will ich darüber nichts entscheiden. Die Oberfläche, auf welcher sich die Zeichen finden, ist nicht vorher zugerichtet oder geebnet worden, sondern scheint so, wie sie sich gerade gefunden hat, benutzt. Daher fallen die Zeichen mit natürlichen Rissen und Unebenheiten zusammen und sind manchmal schwer zu unterscheiden. Was nun diese selbst betrifft, so machen sie obenhin betrachtet den rohen Eindruck, als sei mit einem Werkzeug von Eisen auf dem Stein willkürlich hin und her gehauen und eingegraben, oder, wäre es weiche Masse gewesen, als habe sich etwa die Spur von Vögeln eingedrückt. Es sind lauter neben und aufeinander gelegte, bald flacher bald tiefer gehauene Spitzen und Keile, wobei doch auch krumme und halbrunde Züge vorkommen. Dies alles spricht gegen eine Bedeutung und für eine bloß zufällige Entstehung derselben; auf der anderen Seite aber muss man die Übereinstimmung auf allen fünfen berücksichtigen und nach genauer Betrachtung kann ich nicht anders glauben, als dass einige Figuren vorsätzlich eingegraben sind, zu welchem Zweck es auch immer mag geschehen sein; woraus aber natürlich noch nicht folgt, dass es Schriftzeichen sind. Die Tafel IX liefert eine Abzeichnung von dem größten dieser Steine, doch sind nur die Zeichen angegeben, welche deutlich zu erkennen waren; da, wo sie in natürliche Risse und Unebenheiten verschwimmen, schien es besser, gar nichts aufzuzeichnen. So genau in mathematischer Hinsicht d. h. was Größe, Gestalt und Lage der Figuren betrifft, diese Zeichnung ist, so gibt sie doch nur einen unvollkommenen, für die Sache selbst aber zu vorteilhaften Begriff, da hier auf einer Fläche erscheint, was auf dem Stein zwischen natürlichen Unebenheiten liegt; es wäre ein völlig ausgeführtes, ordentlich gemaltes Abbild oder ein Gipsabdruck nötig. Das unten rechter Hand in der Ecke liegende Zeichen ist eines der deutlichsten und kann kaum anders, als mit Absicht gemacht sein.

Wie es häufig bei einmal angeregter Aufmerksamkeit zu geschehen pflegt, so traf es sich, dass im Anfang des Jahres 1819 Hr. Forstmeister von Schwertzell in dem Wald bei Spangenberg, welches wenigstens fünf Meilen von Willingshausen entfernt ist, einen Stein fand, dessen Oberfläche ähnliche Zeichen

enthielt. Wie er dahin gekommen, ob er vielleicht aus einem alten, aufgewühlten Grabhügel stammt, deren man doch keinen in der Nähe wahrnimmt, ist unbekannt. Er ist viel größer als die Willingshäuser Steine, sonst eine rohe Sandsteinplatte, gleichfalls von einer bloß natürlichen nicht behauenen Oberfläche, zu beiden Seiten auch wohl abgebrochen. Die Zeichen haben im Ganzen mit jenen Ähnlichkeit, nur gestehe ich, dass mir der Verdacht eines bloß natürlichen oder zufälligen Ursprungs hier noch viel leichter wird. Man muss, um sich nicht sogleich dagegen zu erklären, die Übereinstimmung an beiden Orten in Anschlag bringen und dazu nehmen, was unten von ähnlichen, anderwärts gefundenen, wird beigebracht werden. Auf welche Seite man sich auch neigt, immer ist bei der Möglichkeit einer Bedeutung dieser Zeichen und da schon manches unbestimmte oder vergrößernde Gerücht davon ins Publikum gekommen ist, die Pflicht da, eine sichere Nachricht darüber zu geben.[80]
Zweifel zu erregen, ob der Grabhügel, worin sich die Steine gefunden, auch wirklich deutschen Ursprungs sei, scheint mir ein unfruchtbares Geschäft. Ich glaube, man darf ihn mit ziemlicher Gewissheit den Chatten zuschreiben, bei der Ähnlichkeit, welche diese Gräber überhaupt mit den nordischen, also ohne Zweifel germanischen, haben, und da niemals ein anderes Volk in Hessen einheimisch gewesen, vielmehr die Chatten bis auf jetzt ihre ursprünglichen Sitze behauptet haben. Über das Alter des Hügels lässt sich nichts bestimmtes sagen, die Einfachheit in der Konstruktion, die Umgebung eines alten Eichenwaldes, die Rohheit der Masse und Form an den Urnen lassen aber auf ein sehr hohes schließen; in jedem Fall ist man berechtigt, ihn in die heidnische Zeit zu setzen. Dazu kommt noch, dass man vor noch nicht langer Zeit in der Nähe desselben einen so genannten Donnerkeil gefunden, welcher nach der vorhin angeführten Hypothese des älteren Thorlacius die Vermutung eines mindestens neunzehnhundertjährigen Alters gestattet.
Die nächste Frage ist: ob man nicht ähnliche Zeichen, namentlich nicht in Grabhügeln, gefunden? Im Norden, so viel ich weiß, niemals,[81] vielmehr sind

---

[80] Die Götting. gel. Anz. 1829. St. 143 haben die erste Nachricht von Hrn. Hofarchivdirektor Rommel darüber mitgeteilt, womit die Anmerkung in dessen hess. Geschichte I, S. 8 zu vergleichen ist.

[81] Ob die *Runemo-* oder *Haralds-Klippe* in Bleking eine Ausnahme macht, dies zu beurteilen, müsste man eine genauere Abbildung als jene in *Worms* monim. dan. p. 222 vor sich haben, wonach es freilich nur undeutlich gewordene, aber den gemeinen Runen verwandte Züge zu sein scheinen. Dass aber eine treuere Abzeichnung nötig ist, kann man aus *Nyerups* Mindesmärker fra Oldtiden, S. 90 sehen und für eine gewisse Verwandtschaft mit unseren hessischen Zeichen spricht die neuerdings entstandene Vermutung, es sei bloß ein lusus naturae; wogegen übrigens *Saxos* Zeugnis streitet.

selbst die Runen allzeit außen auf Steine eingegraben und nur der snoldelevische Stein macht insofern einige Ausnahme, als er von einem großen Stein bedeckt war; doch lag er weiter nicht unter der Erde.[82] Was Deutschland betrifft, so wäre es möglich, dass bei der Unscheinbarkeit dieser Zeichen und da die Aufmerksamkeit gewöhnlich auf die Aschenkrüge gerichtet ist, dergleichen Steine unbeachtet weggeworfen wären. Ich habe die Schriften, welche von ausgegrabenen Hügeln reden, so viel mir davon zugänglich waren, durchgelesen und nur zwei Angaben gefunden, wovon aber die letztere besonders wichtig und bestätigend ist.[83]

Die erste findet sich bei der Beschreibung eines Hügels, der eine Stunde weit von Merseburg unweit der Saale zwischen den Dörfern Golitzsch und Daspig lag und wovon *Hoffmann*[84] Nachricht gegeben hat. Die Urne war zwischen sechs regelmäßig gesetzten Steinen, also in eine förmliche Kiste, eingeschlossen: „besonders merkwürdig sind nun noch die auf den inwendigen Seiten der Steine rings herum befindlichen Figuren, welche eingeätzt und meistens mit einer roten, zum Teil auch mit einer schwarzen oder auch graulichen Farbe kenntbar gemacht sind. Soviel sich von solchen Figuren noch entdecken lassen, so sieht man auf der einen Seite gegen Mitternacht einen roten Köcher mit Pfeilen, einen roten Bogen mit einer schwarzen Saite, nahe dabei eine Figur, wie eine Hacke, graulich. Auf der anderen Seite gegen Mittag erscheint ein eingeätzter, schwarzer Hammer oder Äxtchen mit einem roten Stiel. Ferner zeigen sich auf allen Seiten lange rote Linien, *wiederum allerhand an lange Linien gegatterte, auch sonst eckige, rote Züge, wie auch oval-runde und übers Kreuz gehende rote Figuren*. Zu oberst aber um den Rand herum ist ei-

---

82 *Birger Thorlacius* über Hügel und Steinkreise, S. 261, 262.

83 *Hirt* sagt in der oben angef. Abhandl. P. 203 „les monnoies, les figures, *les inscriptions lapidaires,* que l'on a trouvées en partie dans les urnes mêmes en partie dans les environs des tombeaux, meritent une attention particulière." Ich weiß nicht, worauf sich jener Ausdruck stützt, wenn er nicht bloß eine allgemeine Vermutung enthält. – Bei Gelegenheit der neueren Nachgrabungen in der Nähe von Militsch in Schlesien wird bemerkt, dass man auf den Urnen keine Schriftzeichen bemerkt „wohl aber mehrere parallel laufende Querstriche und Eindrücke, die mit Fingern gemacht zu sein scheinen." Ohne Zweifel dieselben Zeichen, die *Sigism. Sämler* auch an schlesischen, in Gräbern gefundenen Gefäßen bemerkt hat: „gewisse Narben von eingedrückten Nägeln, es sei nun der Daumen oder anderer Finger von Manns- und Weibspersonen. Es lässt sich ansehen, als wenn lauter Augen damit ausgedrückt wären." *S. Sämlers* Schreiben in *Gottscheds* neuem Büchersaal Bd. VI. und Bd. VII. woselbst sich auch, als Titelkupfer, eine Abbildung dieser Zeichen befindet.

84 Bei *Biedermann* Nova acta scholastica II. 49 1ff.

ne besonders artige Einfassung in Gestalt eines zwei- auch dreifach in einander gesetzten lateinischen V. Von Buchstaben oder Ziffern ist noch nichts, als mutmaßliches, herauszubringen gewesen." – Merkwürdig ist hier schon das Einätzen der Waffenbilder auf die inneren Steinwände, wovon, soviel ich weiß, sonst kein Beispiel vorhanden ist; während sich zugleich der wirkliche Hammer, zwar durchlöchert, aber ohne Stiel, und die so genannten Donnerkeile in dem Grab neben dem Aschenkrug, fanden.[85] Wichtiger sind für uns die eingegrabenen *roten* (vgl. Gudrúnar quida II. Str. 23 die *stafir rothnir*) Zeichen: *eckige, runde* und *ins Kreuz gehende Züge, an lange Linien gegattert.* So weit sich aus dieser kurzen Beschreibung[86] etwas abnehmen lässt, zeigt sich einige Verwandtschaft mit den hessischen Steinen, die hernach noch deutlicher wird.

Man könnte geneigt sein, ein in der Gegend von Meißen gefundenes altes Grab für ein slawisches auszugeben. *Hirt* nimmt zwar in der oben genannten Abhandlung (S. 226) an, dass die Grabmäler in Ländern, wohin späterhin Slawen gedrungen, doch immer deutschen Ursprungs seien. Allein diese Behauptung wird sich nicht durchsetzen lassen, weil der Grund, worauf sie sich stützt, dass nämlich die Slawen niemals ihre Toten verbrannt hätten, weder zureichend ist, denn die Hügel finden sich auch bei unverbrannten Leichen; noch auch an sich erwiesen, da sich an dem Dasein slawischer Hügel nicht wohl zweifeln lässt, namentlich nach *Clarkes* neuestem Bericht über die große Menge derselben in Russland. Indessen scheint mir das sächsische Grab doch ein Deutsches, wegen des darin gefundenen Hammers und der Steinkeile, welche, soviel ich weiß, in einem slawischen Grab noch nicht vorgekommen sind, vielmehr zur germanischen Religion zu gehören scheinen.

Wichtiger und entscheidender ist der zweite Fall. Im Jahr 1803 nämlich wurde in der Grafschaft Mark im Ruhental ein in mancher Rücksicht merkwürdiges altes Grab entdeckt. Einen Bericht über die Aufgrabung und die darin gefundenen Dinge lieferte *K. A. Kortum*.[87] Außer manchen zum Teil in anderen Hü-

---

[85] Die Farbenreihe: rot, schwarz und grau (d. i. weiß) stimmt wieder mit so vielen ähnlichen Fällen, welche größtenteils in einer Abhandlung der altd. Wälder (I. 17ff) zusammengestellt sind und worin gewiss kein bloßer Zufall waltet.

[86] Ohne Zweifel redet eine Anmerkung im zweiten Band der *Sämund. Edda* Kopenh. Ausg. S. 955 von dieser sächsischen Steinkiste, aber nach einer brieflichen Mitteilung und einer im Jahr 1792 gemachten Abbildung aus Merseburg, wo sich also wahrscheinlich dieses Denkmal noch gegenwärtig befindet. Nähere Auskunft und Abbildung desselben wäre erwünscht.

[87] Beschreibung einer neu entdeckten, alten germanischen Grabstätte, nebst Erklärung der darin gefundenen Altertümer. Dortmund 1804.

geln schon gefundenen Dingen, wird auch ein mit Zeichen behauener Stein beschrieben (S. 109, 110). „In der Grabstätte seitwärts der großen zerbrochenen Urne lag ein vorzüglich merkwürdiger Stein. Seine (in Holzschnitt abgebildete) Form ist ein unregelmäßiger Würfel. Die Höhe beträgt etwas über 10 Zoll, die Oberfläche 11 Zoll, die untere Fläche 8 ½ Zoll. An einer Seite ist die untere Fläche etwa anderthalb Zoll gerade abgehauen. Die Oberfläche ist etwas konvex, die untere aber ist eben. Es ist ein grober, gemeiner, weißgrauer, aber doch fester Sandstein und grob behauen. Auf der Oberfläche sind Furchen ziemlich tief, aber sehr roh eingehauen, welche ungefähr einen Zoll weit von einander stehen und zwar in ziemlich gerader Linie, aber nicht nach der Länge und Breite, sondern schräg von einer Ecke nach der anderen laufend. Zwischen diesen Furchen, welche als Hauptlinien erscheinen, sind noch viele unordentliche Linien, welche von der groben Behandlung des Steinmetzen, welcher ihn ausgebildet hat, entstanden sind. Auf der oberen oder breiteren konvexen Fläche befinden sich viele *äußerst rau geformte Charaktere, teils oberflächlich, teils tief eingehauen*, welche meistens einen halben Zoll lang sind. Diese Charaktere sind zum Teil auf den Furchenlinien, zum Teil zwischen denselben angebracht, fast wie Musiknoten. Die meisten fließen mit den gedachten Linien in einander, woher ihre Gestalt sehr undeutlich wird; viele sind auch abgestoßen, daher entsteht noch mehr Undeutlichkeit. Auch die Ecken der Oberfläche sind hier und da abgestoßen. Diese teils tiefere, teils oberflächlichere Einhauung der Charaktere muss, wie es scheint, eine eigene Bedeutung haben, weil sich einige Mal ein und derselbige Charakter nahe beisammen befindet, wovon der eine tief und gleichsam eingebohrt, der andere aber flach ist. Dass diese Charaktere *nicht zufällig* auf den Stein gekommen, sondern mit *Fleiß gemacht* sind und überhaupt eine Beziehung auf die Grabstätte und die darin befindlichen Leichenreste, wenigstens eine besondere Bedeutung haben und eine Schrift vorstellen sollen, *ist gewiss*. Denn nur die Oberfläche des Steins ist, wie gesagt, mit Charakteren bezeichnet; auf der unteren und den Seitenflächen findet man aber nichts dergleichen. Auch kommen einige Charaktere mehr als einmal vor, und bei *aller Unregelmäßigkeit ist doch eine gewisse Ordnung* bei derselben nicht zu verkennen."

Augenscheinlich trifft hier manches mit den hessischen Steinen zusammen: dieselbe rohe Masse und Arbeit, welche gleichfalls bei dem ersten Anblick den Verdacht eines bloßen Zufalls erregt, der doch von anderen Gründen wieder unterdrückt wird; die rau eingehauenen teils tieferen, teils oberflächlicheren Züge, an denen viele Ecken abgestoßen scheinen. In der Gestalt haben sie, wenigstens nach der beigefügten Abbildung, Ähnlichkeit; Schade, dass sie nur in einem Holzschnitt und zwar die Zeichen selbst weiß, der Grund des Steins aber schwarz dargestellt sind. Das Umgekehrte ist natürlicher und ich habe daher die Nachzeichnung, welche Tafel X liefert, insoweit umgeändert.

Indessen unterscheidet sich dieser Stein eigentümlich durch die *Linien*, an welche sich die Zeichen stützen und wodurch sie gleichsam abgeteilt und geordnet sind. Auf den hessischen Steinen ist keine Spur davon, daher scheinen sie die rohesten; auf dem sächsischen werden sie ausdrücklich angemerkt, ja jede Schrift desselben mag, so viel sich aus der kurzen Beschreibung abnehmen lässt, mit der ruhentalischen übereinstimmen, etwa nur ausgebildeter sein.

Die Zeichen auf dem markomannischen Turm zu Klingenberg in Böhmen sind, wenigstens nach der Beschreibung und Abbildung von *Grossing*,[88] offenbar feincr, als die auf unseren Steinen, kommen aber insofern damit überein, als es keine Buchstaben, sondern einzelne aus der Zusammensetzung gerader, kurzer und längerer Linien entstandene Zeichen zu sein scheinen. Die dort geäußerte Vermutung, wonach die Kosten des Baus damit sollen angezeigt sein, beruht bloß auf einer Volkssage.

Eine weitere Vergleichung mit anderen alten Alphabeten, gar mit asiatischen, scheint mir bis jetzt eine ganz eitle Arbeit. Wer möchte bei einem so schwankenden Grund auch nur Vermutungen über irgendeinen Zusammenhang äußern?
Dieser ist eigentlich auch mit den Runen vorhin abgewiesen, indessen ergibt sich doch eine Vermittlung durch die unter dem Namen der *Helsinigischen Runen* bekannte Schrift, worauf auch schon Kortum (s. o.) verfallen ist. Diese Buchstaben sind bloß durch die veränderte Stellung von Keilen, Punkten, ge-

---

[88] Aus dem Deutschen übersetzt von *Kraft* in *Millins* annales encyclopédiques 1818, II. 275 – 284. Diese Abbildung soll übrigens schlecht, dem Vernehmen nach aber eine viel bessere in den Händen des Herrn v. *Hammer* sein, der sie bekannt machen wird. Ich merke hierbei an, dass diese Charaktere, wie es mir scheint, mit jenen Verwandtschaft zeigen, die man auf einer bei Danzig ausgegrabenen Urne bemerkt hat. Nähere Nachricht und eine (hier Tafel IX wiederholte) Abbildung derselben lieferte *Th. S. Bayer* opusc. P. 509, der nur sehr irrt, wenn er darin nordische Runen erkennen will, woran hier nicht zu denken ist. *Ritter* Vorhalle europ. Gesch. S. 241 folgt gleichwohl dieser Meinung. – Höchst ungewiss sind auch die auf einem Stein in Brabant entdeckten Charaktere, wovon in den Mém. de la sociéte roy. des Antiquaires de France I. 438 eine Beschreibung und Abbildung gegeben ist. Dagegen enthalten die zu Enns in Österreich ausgegrabenen Ziegelsteine, von welchen die Wiener Jahrb. der Lit. XII, Anz. 16 Nachricht und Abbildung liefern, ohne Zweifel Buchstabenschrift.

raden und krummen Linien gebildet;[89] im Ganzen betrachtet, hat es das Ansehen, als wären jene rohen Züge auf unseren Steinen die Grundlage dieser schon ausgearbeiteten, und der ruhentalische machte etwa das Mittel aus. Auffallend ist es jedoch, dass man überhaupt nur vier Denkmäler mit dieser Schrift in Helsingland und Medelpad kennt, und dass gerade diese Denkmäler nicht sehr alt und höchst wahrscheinlich aus der christlichen Zeit sind, wo also die gemeinen Runen gleichfalls im Gebrauch waren. Man kann sie daher entweder nur ansehen als die spätere Erfindung einer eigensinnigen Willkür, etwa aus der Absicht, geheim zu bleiben entstanden, zu welcher Vermutung aber doch der ganz gewöhnliche Inhalt keine Veranlassung gibt; oder man muss darin ein altes, noch erhaltenes Alphabet erblicken, für welche Ansicht der Umstand günstig ist, dass sich die gemeinen Runen ziemlich in diesen helsingischen wieder finden lassen, wenn man den Stab, das fulcrum, hinzutut, wie schon *Magnus Celsius* gezeigt hat.[90] *Schöning*[91] hält die helsingischen Runen für die ältesten und schreibt sie einem durch die eingewanderten Goten verdrängten Volk, welches er die Quenen nennt, zu, die Goten hätten von diesen das Alphabet erhalten, es weiter durch Hinzufügung der fulcra ausgebildet, wodurch dann die gemeinen Runen entstanden wären. Indessen sind das lauter, und zumal sehr unwahrscheinliche, Vermutungen.

---

89 Nachricht davon und Abbildung liefern die philosophical transactions. Year 1738 vollständiger die Acta reg. societatia scient. upsal. I. vom J. 1773. – Übrigens hat das geheime Alphabet der irischen Druiden eine gewisse Verwandtschaft mit diesen Runen. Dort werden die Buchstaben größtenteils durch Striche gebildet, die nur auf verschiedene Weise an eine Linie geheftet sind.

90 Auch *Rask* in der schwedischen Ausgabe seiner isländ. Grammatik beschreibt sie so, dass der Stab fehle und nur der Nebenstrich vorhanden sei.

91 Siehe *Schlötzers* Nordische Geschichte S. 487.

II. Weissagung aus Baumzweigen

Tacitus beschreibt (Germania X) auf welche Art die Deutschen die Weissagungskunst ausübten: sortium consue, tudo simplex. *Virgam, frugiferae arbori decisam, in surculos amputant, eosque, notis quibusdam discretos, super candidam vestem temere ac fortuitu spragunt:* mox si publice consuletur, sacerdos civitatis; sin privatim, ipse paterfamilias, precatus Deos coelumque suspiciens, ter singulos tollit, sublatos secundum impressam ante notam interpretatur. Es scheint, dass jedem Zweig vorher ein Zeichen eingedrückt wurde, die einzelnen aber nach der durch das Ausstreuen zufällig entstandenen Lage herausgewählt und die darauf befindlichen Zeichen von dem Priester als zusammenhängend betrachtet und erklärt wurden. Nach einer merkwürdigen Stelle der alten Edda hat wahrscheinlich im Norden derselbe Gebrauch geherrscht. In der Hymisquida heißt es gleich im Eingang:

Valtívar – *hristo teina* ok á hlaut sá.

d. h. die Götter *schüttelten* (warfen) *die Zweige* und besahen das geweihte Blut (sanguinem sortilegum). Nämlich die einem höheren, über ihrer Macht stehenden Schicksal unterworfenen Götter wollen die Zukunft erforschen: zwei Arten der Weissagung werden genannt, deren sie sich bedienen. Erst werfen sie die Zweige des (fruchtbringenden) Baumes und achten auf die Lage, in der sie niederfallen; dann beschauen sie das strömende Blut des Opfertieres, weshalb auch kurz vorher im Lied gesagt wird, sie hätten Tiere gejagt. Der Gebrauch dabei war aber folgender: das Opfertier wurde bei dem Opferbecken, das *hlautbolli* hieß, getötet und sein Blut musste hineinspritzen: aus der Bewegung desselben erkannte man nun die Zukunft. Strabo (L. VII) beschreibt die ohne Zweifel verwandte Sitte der Cimbern: Vates canae (Vaulvur, Velleden) töteten die gefangenen Feinde über einem Kessel und weissagten aus dem herabtropfenden Blut. Es liegt die Idee zugrunde, dass in der lebendigen und zitternden Bewegung des niederfallenden Zweiges, oder des herabströmenden Blutes, weil sie frei von aller menschlichen Einwirkung ist, der göttliche Wille tätig sein und sich offenbaren müsse.

Wir finden die Weissagung aus Baumzweigen weit verbreitet und vorzugsweise dabei die Zweige des *Weidenbaumes* gebraucht. Unter der vielfachen μαντιχή der Griechen ist die ραβδομαντεια bekannt. Dünne Stäbe oder Pfeile, mit Zeichen versehen, fielen aus einem Köcher oder Becher auf die Erde. Je nachdem sie sich aufwärts richteten oder auf eine gewisse Stelle fielen, weissagte man über den Ausgang der vorgelegten Sache. Auch werden die κλήροι, sortes, von κλάω, ich breche kleine Zweige ab, schicklich hergeleitet. Bei den *Skythen* war diese Weissagung, nach Herodot, als eine altherkömmliche bekannt. Sie brachten nämlich große Bündel Weidenstäbe herbei, warfen sie auf die Erde, lösten sie, legten die einzelnen Stäbe zurecht und weissagten daraus, und während sie das taten, wickelten sie die Stäbe wieder zusammen.[92] Ammianus Marcellinus erzählt von den *Alanen* ähnliches. Lib. 31 c. 2 Futura miro praesagiunt modo: nam rectiores virgas vimineas[93] colligentes, easque cum incantamentis quibusdam secretis praestituto tempore discernentes, aperte quid portenditur norunt. Auch das concilium autisiodorense vom Jahr 578 scheint auf die ραβδομαντεια hinzudeuten, c. 3 non licet ad sortilegos vel ad auguria respicere; nec ad sortes, quas sanctorum vocant, vel quas de *ligno* aut de pane faciunt, adspicere. Mit der größten Wahrscheinlichkeit aber lässt sich behaupten, dass Beda (hist. eccl. V. II) sie den *Sachsen* zuschreibe: non enim habent regem iidem antiqui Saxones, sed satrapas plurimos suae genti praepositos, qui ingruente belli articulo *mittunt* aequaliter *sortes*, et quemcunque sors ostenderit, hunc tempore belli ducem omnes sequuntur et huic obtemperant. Alfred in der Paraphrase übersetzt *mittunt sortes*: „hluton hi mid tânum“ und *sors ostenderit*: „se tân åtywde.“ *Tân* heißt aber im angelsächsischen erst allgemein, Zweig, *ramus*, (Ulf. *tains*, altnord. *teinn*, altdeutsch, *zein*,[94] plattd. *teen*), dann ein *Weidenzweig* und steht wie hier für die sortitio per vimina selbst. Aus dem Gesetz der *Friesen* Tit. 14 de homine in turba occiso (bei Georgisch p. 422) ergibt sich bei diesem Volk ein ähnlicher Gebrauch. Wenn jemand bei einem Auflauf getötet wurde und der Täter war der Menge wegen nicht auszumitteln, so sollten zwölf des Mordes angeklagt werden, die dann ihre Unschuld beschwören mussten.

Tunc ducendi sunt ad basilicam et sortes super altare mittendae, vel si iuxta ecclesiam sieri non potuerit, super reliquias lanctorum. *Duo tali de virga praecisi*, quos *tenos* vocant, quorum unus signo crucis dignoscatur, alius purus dimittitur, et lana munda obvoluti, super altare seu reliquias mittuntur et presbyter si adfuerit, vel si presbyter deest, puer quilibet innocens, unum de ipsis sortibus de altari tollere debet, et interim Deus exorandus, si illi septem,

92 L. IV c. 67 ed Schweigh. Μάντιες δε Σκυθέων εἰσὶ, ὀὶ μαντεύϱνται δάβδόισι ἰτεῖνϟσι πολλϟει ὧδε. ἐπεὰν φακέλους δάβδων μεγάλους δνείκωνται, ϑέντες χαμαδ, διεξελίσεουσι αἰτοδς καὶ ἐπὶ μίαν ἑκάστϟν δάβδον τιϑέντες ϑεσπξουσι ἅμα τε λέγοντες ταῦτα, συνειλέουει τάς δάβδους δπίεω καὶ αὖτις κατὰ μίαν συντιϑείσι. αὖτϟ μέν εφι ϟ μαντική πατςωῖϟ έετὶ.

93 Die Lesart der Lindenbrogischen Ausgabe: rectiores virgas feminae colligentes verdient sichtbar nachgesetzt zu werden.

94 In der goldenen Schmiede des Conrad von Würzburg v. 798 ist „ein *slehter* (gerader), *wunneklicher zein*, an dem kein hufel wirt ersehen“ ein Bild von dem reinen Lobe der Jungfrau Maria.

qui de homicidio commisso iuraverunt, verum iurassent, evidenti signo ostendat. Si illum, qui cruce signatus est, sustulerit, innocents erunt, qui iuraverunt; si vero alterum sustulit, tunc unusquisque illorum septem faciat suam sortem, id est *tenum de virga*, et signet signo suo, ut eum tam ille, quam caeteri, qui circumstant, cognoscere possint, et obvolvantur lana munda et altari seu reliquiis imponantur, et presbyter si adfuerit, si vero non, ut superius, puer innocens unumquemque illorum singillatim de altari tollat et ei, qui suam sortem esse cognoverit, rogat.Cuius sortem extremam esse contigerit, ille homicidii compositionem persolvere cogatur, caeteris, quorum sortes prius levatae sunt, absolutis. –

Talus ist hier nicht ein Würfel, sondern ein Zweig, δαλος, in welcher Bedeutung es noch mehr vorkommt; *tenus* aber nichts anderes, als das vorhin erläuterte *tân*, zein. Siccama (notae in LL. Frision. p. 109) bemerkt zu dieser Stelle, *tien* heiße noch jetzt die *Weide*, die man zum Korbflechten brauche. – Von den Bewohnern der Insel *Rügen* berichtet Saxo Grammaticus (Lib. XIV. p. 321 ed. Steph.) folgendes: nec sortium eis usus ignotus extitit. Siquidem *tribus ligni particulis*, parte altera albis, altera nigris, in gremium sortium loco coniectis, candidis prospera furvis adversa signabant. –

Die alte Livländische Reimchronik (herausgegeben von Lib. Bergmann. Riga 1817) enthält Nachricht von der bei den *Kuren* (Kurländern) üblichen Sitte. Als sie im Anfang des 13ten Jahrhunderts den christlichen Brüdern in Livland zu Hilfe kamen, warfen sie zuvor, ohne Zweifel nach altheidnischem, neben dem Christentum fortdauerndem Gebrauch, die Zweige. Darum heißt es (S. 41b):

In was der spân gefallen wol,
des waren si alle sturmes vol.

und ein andermal, als wieder ein Zug gegen die Heiden vor war (S. 95b):

si waren al gemeine frô
unt ir muot der stund alsô,
daz ez in solde wol ergân:
in viel vil dicke wol ir spân,
ir vogel in vil wol sanc;
so prüveten si, daz in gelanc.

Ferner von den *Samaiten* (Samländern), die, noch Heiden, von ihren Königen zu einem Krieg gegen die Christen versammelt waren (S. 56a):

ir blutekirl der warf ze hant
sîn lôs, nach ir alten site;
ze hant er blutete alles mite
ein queck, als er wol wiste.

Darauf verkündigt er ihnen „lieb unde leit“, doch zuletzt den Sieg. Die Stelle entspricht ganz der oben angeführten eddischen aus der Hymisquida. Erst wurden von dem Opferpriester (blutekirl) die Zweige geworfen, dann das Tier (queck) geopfert, um aus seinem tröpfelnden Blut zu weissagen (*bluten* ist hier das nordische *blóta*, opfern). – Von den heutigen *Afghanen* bemerkt Elphinstone (Reise nach Kabul, bei Bertuch I. 349), dass sie unter verschiedenen Arten der Wahrsagung auch folgende, der griechischen sehr ähnliche, ausübten. Sie schütten nämlich aufs Geradewohl *Pfeile* aus und weissagen dann aus der *zufälligen Lage* derselben. – Etwas Ähnliches hat sich unter uns erhalten, nach Heigelins Briefen über Graubünden (S. 191) wurden bei der Wahl des Podesta zwei Haselstäbchen als Sortes gebraucht. Sie wurden von zwei Notarien aus einem Hut geworfen und der gewählt, dessen gezeichnetes Stäbchen in einen mit Kreide beschriebenen Kreis fiel. Dies erinnert wieder an eine noch übliche Sitte, die unter dem Namen „kurz oder lang ziehen“ überall bekannt ist: nämlich bei zweifelhaften Dingen werden zwei kleine, ungleiche Zweige oder Halme verdeckt und eins davon hervorgezogen. Die Minnesänger gedenken gleichfalls dieses Spiels und zwar so, dass es scheint, man habe die Knoten an dem Halm als Zeichen betrachtet und danach entschieden.[95] Noch ist hier eine Etymologie anzuführen. *Frisch* nämlich bemerkt den im Holländischen, im Niedersächsischen und Brandenburgischen zumeist bekannten, doch auch bis in den Rheingau sich ziehenden Ausdruck *Kavel* und *kaveln* für Los und losen. Er hält ihn zwar für gleich mit Kugel, weil er glaubt, man habe mit Kugeln gelost, aber diese Ableitung ist sichtbar falsch, dagegen eine andere vollkommen statthaft, welche das Wort mit dem nordischen *kéfli*, Stab, in Verbindung bringt, so dass wir auch hier auf eine ραβδομαντεια zurückgeleitet würden.[96]

Hierzu kommt einiges Ungewisse. Es scheint nämlich, die *altwallisischen Barden* gebrauchten, nach den Stellen, die *Davies* (celtic researches p. 248 – 268) anführt, verschiedene Baumzweige als Symbole oder Hieroglyphen. Davies geht noch weiter und leitet das (daselbst S. 272 abgebildete) wiederum den Runen ähnliche Alphabet der späteren Barden aus jenen symbolischen Zweigen und glaubt, die Figuren desselben stellten nichts vor, als: the tops of certain trees and plants. Merkwürdig bleibt immer, dass der walisische Name von Buchstabe, Coelbren, wörtlich gleichfalls *Zeichenstab* heißt. Auch *Robert*

---

95 S. Hausmärchen II. S. XXVIII. XXIX.

96 Was *Schütze* holst. Idiot. v. *Lotten* (III. 51) aus Neocorus Ditm. Chronik von den alten Ditmarsen bemerkt, ist ohne Zweifel aus dem Tacitus geborgt; man hat die allgemeine Nachricht auf das einzelne Volk bezogen, wie dies so häufig geschehen ist.

(the cambrian popular antiquities c. 38) behauptet, die Druiden hätten aus Holz, besonders von den Zweigen der Mistel eine Art *sortes* gebildet, welche durch ihre Gestalt leicht alle Zeichen des altwalisischen Alphabets hätten vorstellen können; auf welchen Schluss der Name desselben Coelbren y Beirdd, d. h. Holz des Glaubens, leite. Art und Weise dabei ist aber nicht mehr klar; einzelne Buchstaben bezeichneten wahrscheinlich die ganze Antwort, z. B. *A* glückliches Leben, *B* Friede des Volks, *C* Tod des Fragenden usw. – In dem geheimen Alphabet der irischen Druiden (in *Vallencey's* Grammatik) hat jeder Buchstabe den Namen von einem Baum, so ist z. B. *S* Weißdorn, *C* Haselbaum. In den nordischen und angelsächsischen Runen ist bekanntlich *B* Birke genannt, in den angelsächsischen *TH* Dorn. –
Davies kommt auch in einem anderen Werk (Mythology and rites of the British Druids) auf die obige Behauptung zurück, und führt unter anderen zur Bestätigung eine Stelle aus dem *Tristrem* des *Thomas of Erceldoune* (p. 453) an. Dieses Gedicht ist zwar im 13ten Jahrhundert in altenglischer Sprache geschrieben, beruht aber ohne Zweifel auf altwalisischen oder altbritischen Überlieferungen. Die Stelle befindet sich in dem 2ten Gesang Str. 84 (in der 3ten Aufl. der W. Scottischen Ausgabe S. 119). Tristrem will der Ysonde seine Nähe kundtun und sie zu sich einladen; ein Wasser fließt zu ihr hin:
bí water he sent adoun
light *linden spon*,
He wrot hem al with roun.

Der dünne Linden-Span soll nun ein Buchstabenzweig gewesen sein, ein Coelbren, surculus des Tacitus. Auf jeden Fall ist die Stelle merkwürdig, es ist darin von Runen, höchstwahrscheinlich von einem rúna-kéfli, dessen vorhin gedacht wurde, die Rede. Das Gedicht des Thomas liegt zwar der Quelle am nächsten, doch verdienen die anderen nicht aus dieser abzuleitenden Rezensionen der Sage immer Berücksichtigung. In dem Fragment eines altfranzösischen Gedichts, wovon in der Scottischen Ausgabe des Thomas sich eine Übersetzung befindet, wird gesagt (p. 226), Tristrem habe, unter einem Dorne sitzend, Holzspäne geschnitten, und sie, als das den Liebenden wohlbekannte Zeichen, auf dem Wasser bis zu ihrem Fenster hintreiben lassen. Dieser allgemeinere Ausdruck gestattet gleichwohl die Vermutung, dass Tristrem mit den Spänen, indem nämlich ein Stäbchen gerade, das andere quer darüber gelegt wurde, den Anfangsbuchstaben seines Namens habe bilden wollen. Nach dem altdeutschen Gedicht des Gottfried von Straßburg wurden die Anfangsbuchstaben beider vereinigt auf die Späne eines Ölbaums geschnitten, ein halbes *T* und ein halbes *I* (V. 14292, 93). Das würde ein gleiches Kreuz gebildet haben, allein genauer scheint sich das Gedicht des Eilhart von Hobergen (nach

der Dresd. Hs. V. 2781) auszudrücken, das es „ein kriuze von funf orten" nennt, von fünf Ecken, nämlich statt des *I* ein Y, womit Ysalde geschrieben wird. Es kam zwischen ankündigendem Laub zu ihr hingeschwommen, die Figur desselben, ᛯ, mag doch ursprünglich eine symbolische Bedeutung gehabt haben. In der Prosa (Kap. 23) ist es ein Span mit gemaltem Kreuz auf drei Lindenblättern. – In dem Lay du Chevrefeuille der Marie de France, (Roquefort I. 392) wird, wie in späteren Bearbeitungen zu geschehen pflegt, die Sache aufs deutlichste auseinander gesetzt und überladen. Tristran schneidet ein Haselstäbchen ab, schneidet es viereckig, teilt es und schreibt mit dem Messer seinen Namen darauf.
Es ist noch ein dunkler Ausdruck in der Stelle des Tacitus übrig, welcher jetzt erst durch Vergleichungen einiges Licht erhalten kann. Worin nämlich bestanden jene notae, die vorher eingedrückt und wodurch die Zweige unterschieden wurden? Denkt man sich darunter schon wirkliche, auf Zweige geschnittene *Runen*, so erhält die ganze Stelle eine noch größere Bedeutung, denn wir fänden ein neues Zeugnis von dem Dasein wirklicher Buchstaben. Auf jeden Fall ist damit zusammen zu halten was soeben von dem mit Runen bezeichneten Lindenspan in dem Gedicht vom Tristan vorkam. Nordische Runen auf Baumrinde sind schon oben angeführt, allein die alte Edda (II. 198) kennt auch *lim-rúnar*, von welchen es ausdrücklich heißt, dass sie auf die Rinde der gen Osten geneigten Äste geschnitten wurden; freilich nach dieser Stelle bloß zum Gebrauch der Heilkunst. Bei Ammian heißt es: cum *incantamentis* quibusdam secretis virgas discernere, wiederum dunkel, denn diese incantamenta können durch hergesagte Zaubersprüche so wohl, als durch eingeschnittene *Zauberrunen* erklärt werden. Bei den christlichen Friesen werden die Stäbe durch ein *Kreuz* unterschieden, doch ist dies bekanntlich auch ein heidnisches Zeichen und könnte wohl ursprünglich eine Rune gewesen sein. Bei den Bewohnern von Rügen sind die Stäbe nur allgemein als gute oder böse durch schwarz und weiß unterschieden.

Nimmt man die notae auf den Zweigen schon für wirkliche Buchstaben, so gerät man auf die weitere Vermutung, der Name der auf dem herausgehobenen Zweig sich befindlichen Rune habe die gesuchte Antwort oder Entscheidung gegeben. Ich kann nämlich nicht glauben, dass diese Namen durch irgendeinen Zufall den Runen beigelegt wurden, und ihre Bedeutung daher ohne Beziehung oder ganz gleichgültig sei, wie Zoega etwa die Namen der griechischen Buchstaben, deren Entstehung man nicht kennt, für einen Schulmeisterscherz ansah. Sie bezeichnen ja sämtlich die nächste Umgebung jener Zeit, das wünschenswerte oder Unheil bringende z. B. Fruchtbarkeit des Jahres oder Hagelschlag, Sonne oder Eis; Bogen: glückliche Jagd; Meer: Seefahrt. Auf einen solchen Gebrauch scheinen auch einige Stellen der Edda zu weisen. In Skirnisför Str. 36 heißt es:

Thurs rist ec thér oc thría stafi:
ergi oc åthi oc óthola.
Ein TH schneid ich dir und drei Stäbe:
Ohnmacht, Wut und Unruh.

Und in dem oben (siehe oben "B. Nordisches Gedicht über die Runen-Namen") abgedrucktem Gedicht über die Bedeutung der Runennamen, wird etwas Ähnliches gesagt:

Thurs veldur qvenna qvillju.
TH macht den Weibern Angst.

Der Riese oder Jote nämlich erregt den Frauen Furcht und Angst, wenn sie ihn erblicken. In dem zweiten Gudrunenlied Str. 32 werden Zauberstäbe beschrieben, die auf ein Horn geschnitten waren, und diese scheinen gleichfalls die Gestalt der Runen gehabt zu haben. Die *lange Schlange* (lyngfiskr lángr), die dort genannt wird, scheint ein *S*, also die Sonne; die *ungeschnittene Ähre* (ax óskorit) das *F* also Geld anzudeuten. Vgl. *Thorlacius*, antiquitt. boreal. IV. 80 – 82. – In Sigurdrifumál Str. 9 wird die Lehre gegeben, dass wer von einer Frau, der er vertraue, nicht wolle hintergangen sein, die Rune *N* (naud, necessitas, daher vinculum, das Bindende) auf den Nagel zeichnen müsse.[97]
Wenden wir uns wieder zurück und werfen wir einen Blick auf die Verbreitung, in welcher wir die Rhabdomantie gefunden und auf die Übereinstimmung in der eigentümlichen Ausübung derselben, so ist es keinem Zweifel

---

[97] Noch teile ich eine Auslegung unseres Alphabets aus dem Mittelalter, die sich in einer Wiener Handschrift des 12ten Jahrh. (auf dem letzten Blatt mit ganz erloschener Schrift Cod. Univ. 633. *Denis*, der aber davon gar nichts erwähnt, beschreibt ihn II. 1781 – 90) findet, mit, weil sich darin alte Überlieferung, wenn auch nur teilweise, könnte erhalten haben.
A bezeichnet gewalt oder lip. *B* gewalt oder urliuge. *C* unde *D* trübsal unt tôt. *E* unde *F* edelen bluot. *G* mannes val oder wibes val oder reinen muot. *I* guoten lip. *K* wipliche freude. *L* êre *M* michel sêre. *N* du gesiches, daz dir liep ist. *O* gewalt oder dinen lip. *P* allen … *Q* gewahrheit (Gefängnis?) dines libes. *R* geleideten oder gewundeten man. *S* trog … lines muotes. *T* tôt oder verlust. *V* tôt *X* … von dinen friunden *Y* daz dir liep ist *Z* daz komet dir.
H fehlt. *A* und *O* haben gleiche Bedeutung, „gewalt oder lip“ erkläre ich mir: Gewalt oder: es geht dir an dein Leben, Gefängnis oder Tod; übrigens sind die ursprünglich, wie es scheint, in Reime gebrachten Aussprüche schon zu allgemein und sagen gleichsam nur weiß und schwarz, nichts als „liep oder leit“ aus.

unterworfen, dass wir darin eine uralte Sitte anerkennen müssen, die jener bei der Totenbestattung und Errichtung der Grabhügel an die Seite kann gesetzt werden. Beider Ursprung scheint in eine, aller unserer Geschichte vorangehende, Zeit zu fallen, wo die verschiedenen Völker, bei denen wir sie in Fortdauer erblickten, noch in naher Gemeinschaft zusammenlebten. Auch *Ritter* (Erdkunde II. 907) glaubt, dass die Rhabdomantie schon in vorherodotischer Zeit auf der großen nordischen Furth nach Asia minor, an den Pontus, zu den skythischen und thrakischen Völkern gekommen sei und von da weiter sich ausgebreitet habe.

Es ist noch eine Schlussbemerkung übrig, die diese Abhandlung mit der vorhergehenden in Zusammenhang bringt. Schon im ersten Band der Altdeutschen Wälder vom J. 1813, S. 143 war die hier besprochene Stelle des Tacitus in Beziehung auf eine dort näher entwickelte Idee angeführt, wonach ein Einfluss der Pflanzen auf den Ursprung der Schrift vermutet wurde, und Schreiben so viel bedeutete wie Schneiden und Einfügen der Äste. In diesem Sinne könnte man jene Charaktere auf den Grabhügelsteinen betrachten als zerschnittene, neben und übereinander geworfene, gerade und gekrümmte Baumzweige, die, indem man dem vorbildenden Zufall folgte, bald tiefer bald flacher in den Stein eingegraben wurden. Zeichen wären es dann aber gewesen, schwerlich Buchstaben, und dunkel bleibt es in jedem Fall, auf welche Weise die zerstreuten gedeutet wurden. Auf den mit Runen bezeichneten slawischen Götzenbildern zeigt sich ein paar Mal etwas Ähnliches:[98] die Zeichen sind wild unter einander geworfen und bedecken den ganzen Raum, so dass eine gewisse Ähnlichkeit mit unseren Steinen hervorkommt. Man hat darin Zaubercharaktere vermutet, denn unverständlich sind diese Runen ohnehin; auch wird man an die verwilderten, unlesbaren, nordischen Runen erinnert, von welchen die Edda spricht.

Neben dieser leichten Vermutung dürfte man eine andere über die Bedeutung jener Zeichen wagen. Sie könnten Zaubersprüche oder Zauberformeln enthalten haben, auf Steine gehauen, die neben die Asche des Verstorbenen gesetzt wurden. Man glaubte ohnehin an böse Erdgeister, welche seine Ruhe stören könnten, und, um sie abzuhalten, wurden die simulacra armorum mit ins Grab gelegt, die in jener sächsischen Leichenkiste sogar neben den Zeichen eingegraben waren.

---

[98] Bei *J. Potocki* Tafel 6 und 13.

III. Altes Denkmal aus christlicher Zeit

Bei Gelegenheit des Dorowschen Werks über Grabhügel bemerkte ein Rezensent in der Hall. Literatur-Zeitung 1820, Nr. 114, dass man Mainz gegenüber, zu Kassel, einen gegenwärtig in dem Museum jener Stadt aufbewahrten Stein gefunden habe, auf welchem Züge vorkämen, die mit *Runen* Ähnlichkeit hätten, und umso mehr Aufmerksamkeit verdienten, da sie vielleicht den Übergang zur Runenschrift deutlich machen könnten; vermutlich sei er aus der Merowingischen Zeit. Auf diese Nachricht wendete ich mich an Hn. Hofr. Dorow und erhielt durch dessen Güte eine genaue und saubere Abzeichnung jenes Steins,[99] welche Tafel XI in Kupfer gestochen ist. Unter welchen Umständen er gefunden oder ausgegraben ist, weiß ich nicht.

Auf den ersten Blick ergibt sich, dass hier von Runen nicht die Rede sein kann, keines der vorkommenden Zeichen hat eine andere, als eine allgemeine und ungefähre, daher unerhebliche Übereinstimmung mit einer Rune. Merkwürdig jedoch bleibt dieses Denkmal immer und der Enträtselung wert. Betrachtet man die durch Linien eingefasste, herumlaufende Schrift, so scheint darin eine beständige Wiederholung derselben Zeichen vorzukommen. Erst ein Chrismon, dann ein I und V; selbst das N, das ein paar Mal vorzukommen scheint, halte ich bloß für ein zusammengezogenes IV. Dafür ergibt sich eine leichte Deutung: X Christus, IU Jesus. Ähnliche Siglen und Abbreviaturen XP, XS, IHU aus früher Zeit sind bekannt und bei Walther (lex. diplom.) in ihrer Mannigfaltigkeit nachzusehen. Nur rechter Hand die Zeichen IOC machen eine Ausnahme, es scheint nichts natürlicher, als darin die Jahreszahl DC zu erblicken, wonach wir freilich mit diesem Denkmal in die Zeit der Merowinger kämen. Die innen stehenden von der Umschrift eingefassten Zeichen können kaum eine zusammenhängende Schrift enthalten. Das Hauptzeichen ist das Kreuz mit dem zwischengelegten I, wodurch ein Stern von acht Strahlen entsteht, der sich wieder in ein XI auflösen lässt, welche Siglen unten linker Hand abermals daneben stehen. Das mit einem dritten Haken ausgestattete F und das Dreieck mit dem Kreuz in der Mitte könnte ein Symbol der Dreieinigkeit sein. Nur so viel scheint mir sicher, dass es ein Denkmal aus christlicher Zeit ist, und die darauf befindlichen Buchstaben dem lateinischen Alphabet zugehören.

---

[99] Nr. 59 in der städtischen Antikensammlung von Mainz.

Beispiele für griechischen Text aus dem Original Manuskript (bitte beachten Sie dazu auch unsere Anmerkungen auf Seite 4):

Eine Original-Seite aus dem Buch - Vergleiche auch Fußnote 92:

299

gewisse Stelle fielen, weissagte man über den Ausgang der vorgelegten Sache. Auch werden die κλῆροι, sortes, von κλάω, ich breche kleine Zweige ab, schicklich hergeleitet. Bei den Skythen war diese Weissagung, nach Herodot, als eine altherkömmliche bekannt. Sie brachten nämlich große Bündel Weidenstäbe herbei, warfen sie auf die Erde, lösten sie, legten die einzelnen Stäbe zurecht und weissagten daraus, und während sie das thaten, wickelten sie die Stäbe wieder zusammen *). Ammianus Marcellinus erzählt von den Alanen ähnliches. Lib. 31. c. 2. Futura miro praesagiunt modo: nam

*) L. IV. c. 67. ed. Schweigh. Μάντιες δὲ Σκυθέων εἰσὶ πολλοὶ, οἳ μαντεύονται ῥάβδοισι ἰτεΐνῃσι πολλῇσι ὧδε. ἐπεὰν φακέλους ῥάβδων μεγάλους ἐνείκωνται, θέντες χαμαὶ, διεξελίσσουσι αὐτούς· καὶ ἐπὶ μίαν ἑκάστην ῥάβδον τιθέντες, θεσπίζουσι· ἅμα τε λέγοντες ταῦτα, συνειλέουσι τὰς ῥάβδους ὀπίσω καὶ αὖτις κατὰ μίαν συντιθεῖσι. αὕτη μέν σφι ἡ μαντικὴ πατρωΐη ἐστί.

Die Original-Tafeln I. bis XI.

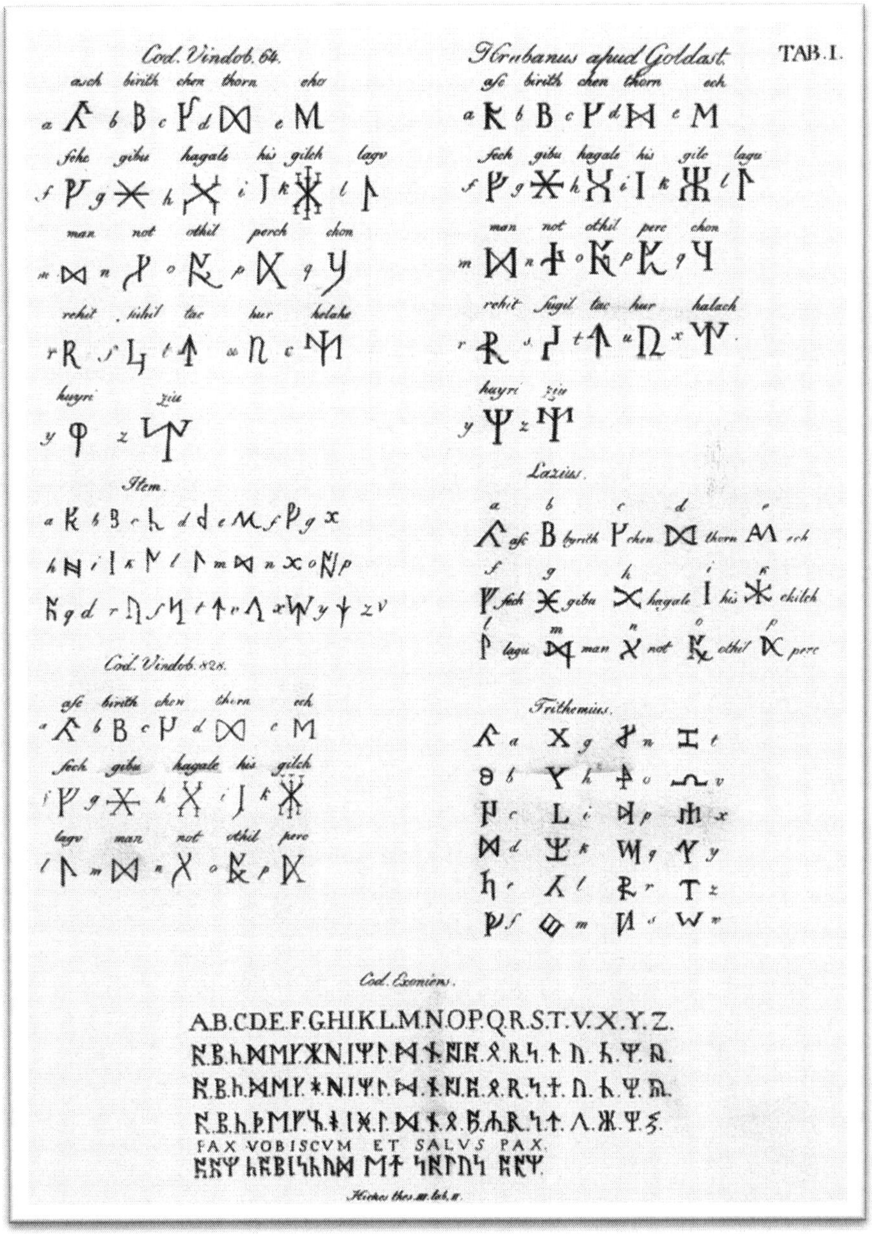

TAB. I.

Cod. Vindob. 64.

asch birith chen thorn eho

fehe gibu hagale his gilch lagu

man not othil perch chon

rehit tihil tac hur helahe

hugri ziu

Item.

Hrabanus apud Goldast.

asc birith chen thorn ech

fech gibu hagale his gilc lagu

man not othil perc chon

rehit sugil tac hur halach

hayri ziu

Lazius.

asc birith chen thorn ech

fech gibu hagale his chilch

lagu man not othil perc

Cod. Vindob. 828.

asc birith chen thorn ech

fech gibu hagale his gilch

lagu man not othil perc

Trithemius.

Cod. Exoniens.

A.B.C.D.E.F.G.H.I.K.L.M.N.O.P.Q.R.S.T.V.X.Y.Z.

PAX VOBISCVM ET SALVS PAX.

Hickes thes. III. tab. II.

Codex sangallens. 270. p. 52. **TAB. II.**

I.

feh f. · uur u. · dorn d. · oos oo. · rat r. · cen c. · gebo g. · huun uu. · hagel h. · nod n.

iis i. · gor g. · ih k.*) · perd p. · elux x. · sigi s. · ti t. · borg b. · eh e · man m.

lago l. · ine.**) n. · tag t · odil o. · ac a. · asc aa. · yur. q.***) · aer z.

*) sic, leg. i. **) sic, leg. inc ***) sic, leg. y.

II.

*) sic, leg. uu. **) sic, leg. c. ***) sic, leg. y.

Codex sangallens. 878. p. 321.

ANGULISCUM

ABECEDARIUM NORD

feu forman · ur after · thuris thriu fo · os is · rat end · cha(on) · hagal · nau · is · ar · endi sol

Codex Isidori Parisiens. p. 4.

fech f · ur u · than th · os o · r d r · ken c · geuo gi · uung uu

hagall h · n t n · is i · iar ger · inc ih · per p · ilix il · sygil s

ti t · berc b · hol e · man m · lag l · hinc · dag d · odil oe

a · tw · K

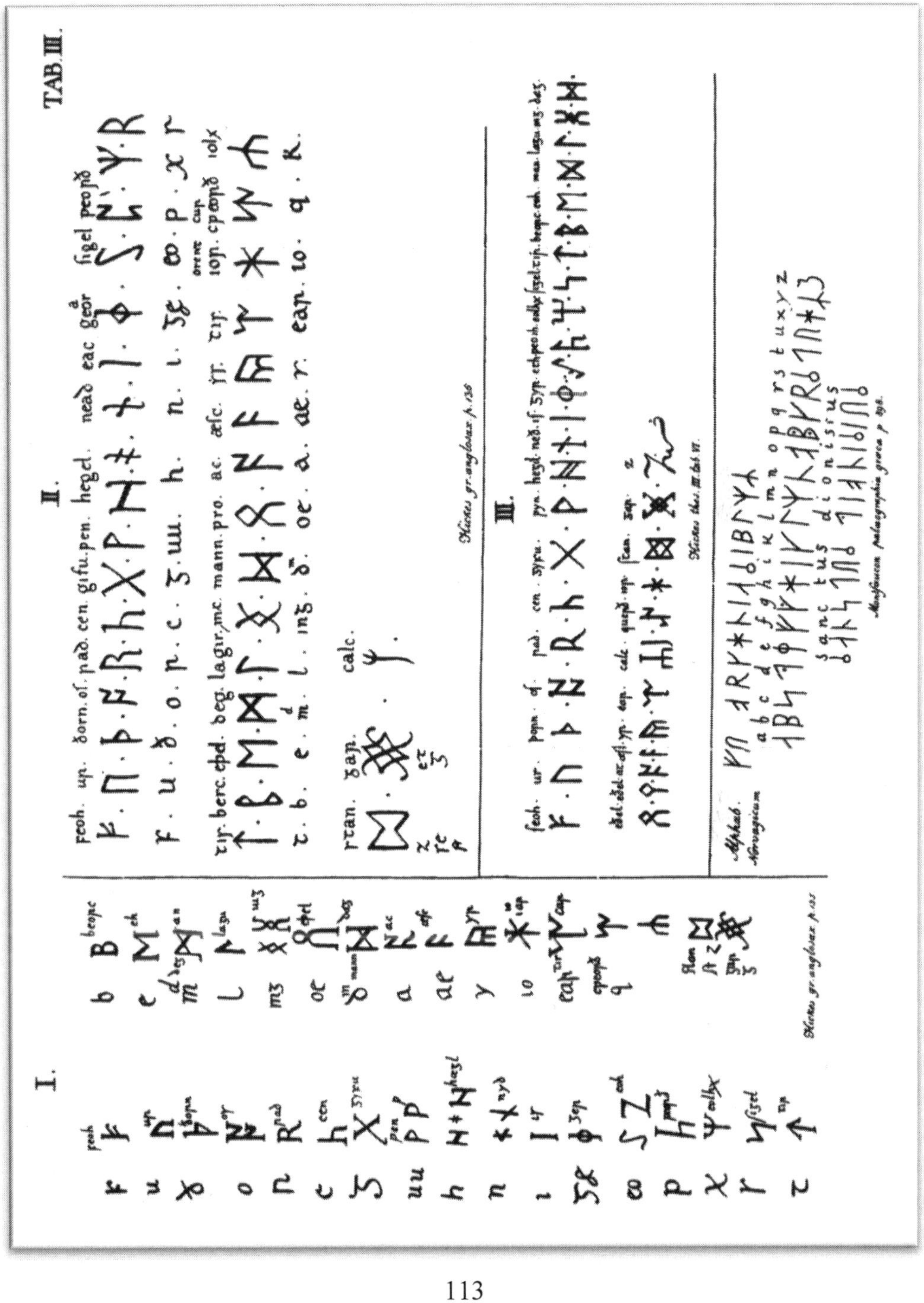

TAB. III.

I.

Hickes gr. anglosax. p. 135

II.

feoh. ur. ðorn. os. rad. cen. gifu. pen. hegel. nead. eac. geor. sigel. peorð.

f. u. ð. o. r. c. g. uu. h. n. i. ge. eo. p. x. r.

tir. berc. ehol. deg. lagu. ing. mann. pro. ac. æsc. yr. tir. iop. cweorð. iolx

t. b. e. m. l. ing. ð. oe. a. ae. r. ear. io. q. k.

stan. gar. calc.

Hickes gr. anglosax. p. 136

III.

feoh. ur. porn. os. rad. cen. syru. pyn. hegl. neð. is. gyr. eh. peorð. eolhx. sigel. tir. beorc. eoh. man. lagu. ing. dæg.

ethel. ac. æsc. yr. ear. calc. cweorð. ior. stan. gar. z

Hickes thes. III. tab. VI.

Alphab. Norvagicum

a b c d e f g h i k l m n o p q r s t u x y z

sanc tus dionisius

Montfaucon palaeographia graeca p. 298.

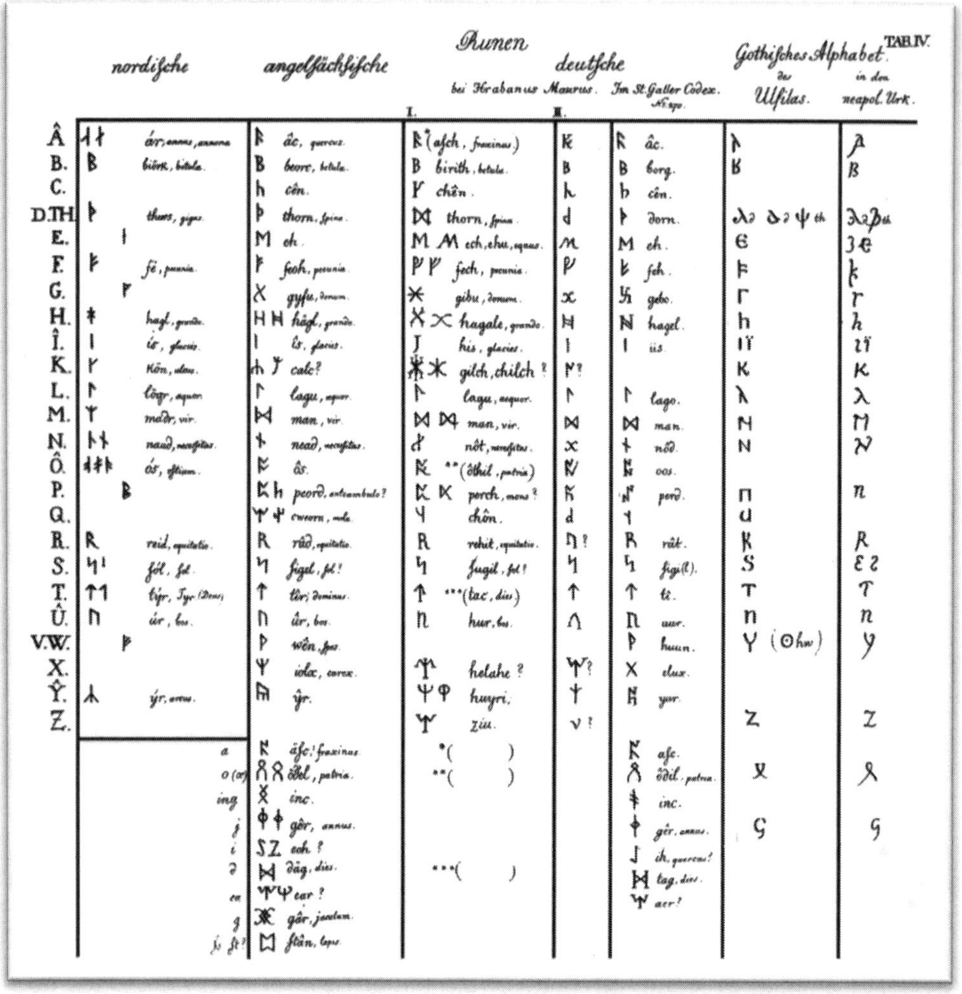

TAB. IV.

	Runen: nordische	angelsächsische	deutsche: bei Hrabanus Maurus. I.	II.	Im St. Galler Codex. No. 270.	Gothisches Alphabet des Ulfilas.	in den neapol. Urk.
Â.	ár, annus, annona	âc, quercus.	*(asch, fraxinus.)		âc.		
B.	biörk, betula.	beorc, betula.	birith, betula.		borg.		
C.		cên.	chên.		cên.		
D.TH.	thurs, gigas.	thorn, spina.	thorn, spina.		dorn.	th	
E.		eh.	ech, chu, equus.		eh.		
F.	fé, pecunia.	feoh, pecunia.	fech, pecunia.		feh.		
G.		gyfu, donum.	gibu, donum.		gebo.		
H.	hagl, grando.	hägl, grando.	hagale, grando.		hagel.		
Î.	ís, glacies.	îs, glacies.	his, glacies.		iis.		
K.	Kön, ulcus.	calc?	gilch, chilch?	?			
L.	lögr, aequor.	lagu, aequor.	lagu, aequor.		lago.		
M.	madr, vir.	man, vir.	man, vir.		man.		
N.	naud, necessitas.	nead, necessitas.	nôt, necessitas.		nôd.		
Ô.	ós, ostium.	ôs.	**(ôthil, patria)		oos.		
P.		peord, anteambulo?	perch, mons?		perd.		
Q.		cweorn, mola.	chôn.				
R.	reid, equitatio.	râd, equitatio.	rehit, equitatio.	?	rât.		
S.	sól, sol.	sigel, sol!	sugil, sol!		sigi(l).		
T.	týr, Tyr (Deus)	tîr, dominus.	***(tac, dies)		ti.		
Û.	úr, bos.	ûr, bos.	hur, bos.		uur.		
V.W.		wên, spes.			huun.	(Θhw)	
X.		iolx, carex.	helahe?	?	elux.		
Ŷ.	ýr, arcus.	ŷr.	huyri.		yur.		
Z.			ziu.	?			
a		äsc? fraxinus	*( )		asc.		
o (oe)		ôdel, patria.	**( )		ôdil. patria.		
ing		inc.			inc.		
j		gêr, annus.			gêr, annus.		
i		eoh?			ih, quercus?		
d		däg, dies.	***( )		tag, dies.		
ea		ear?			aer?		
g		gâr, jaculum.					
s, st?		stân, lapis.					

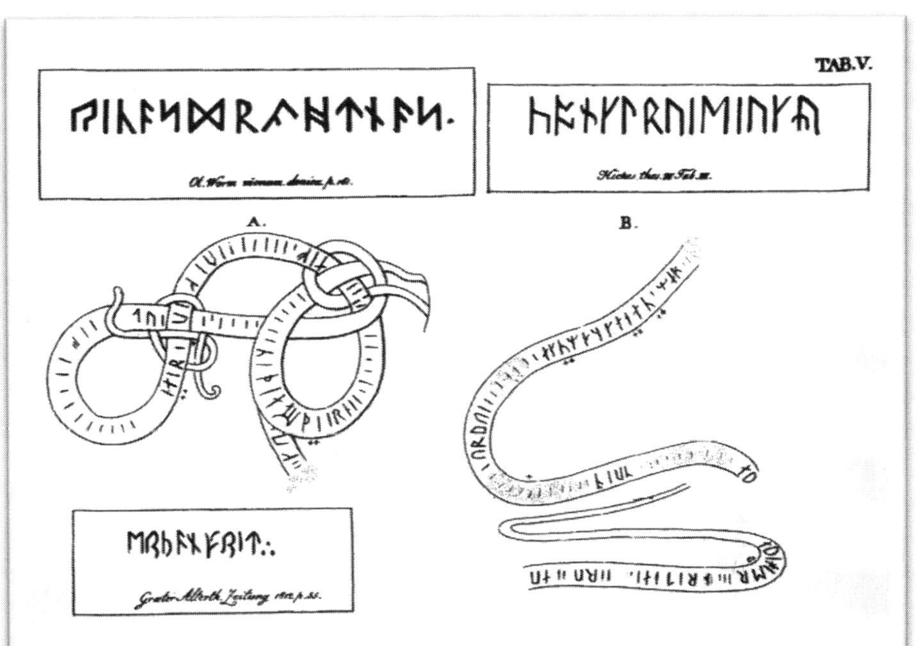
TAB.V.
A.
B.

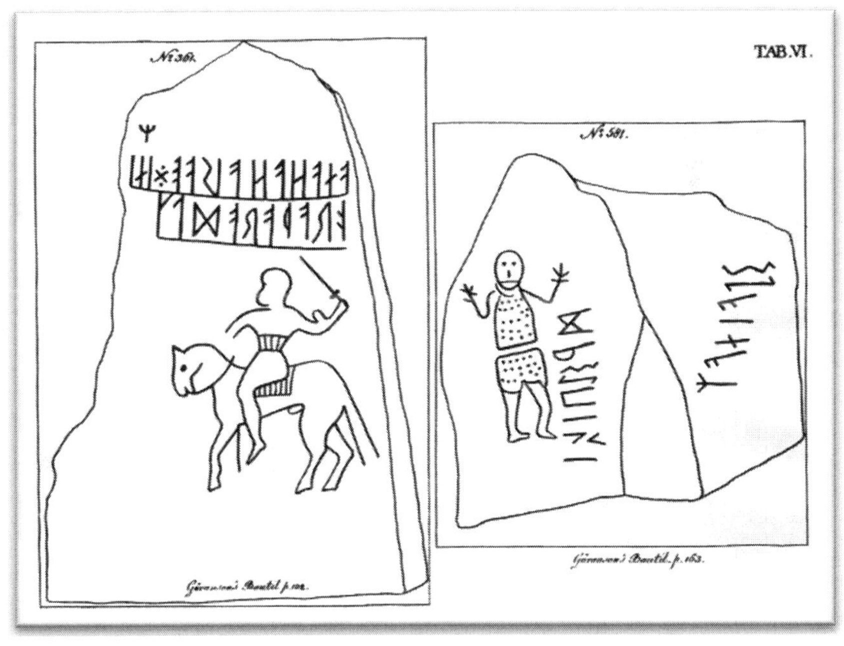
TAB.VI.
№ 361.
№ 581.
Göransons Bautil. p. 102.
Göransons Bautil. p. 163.

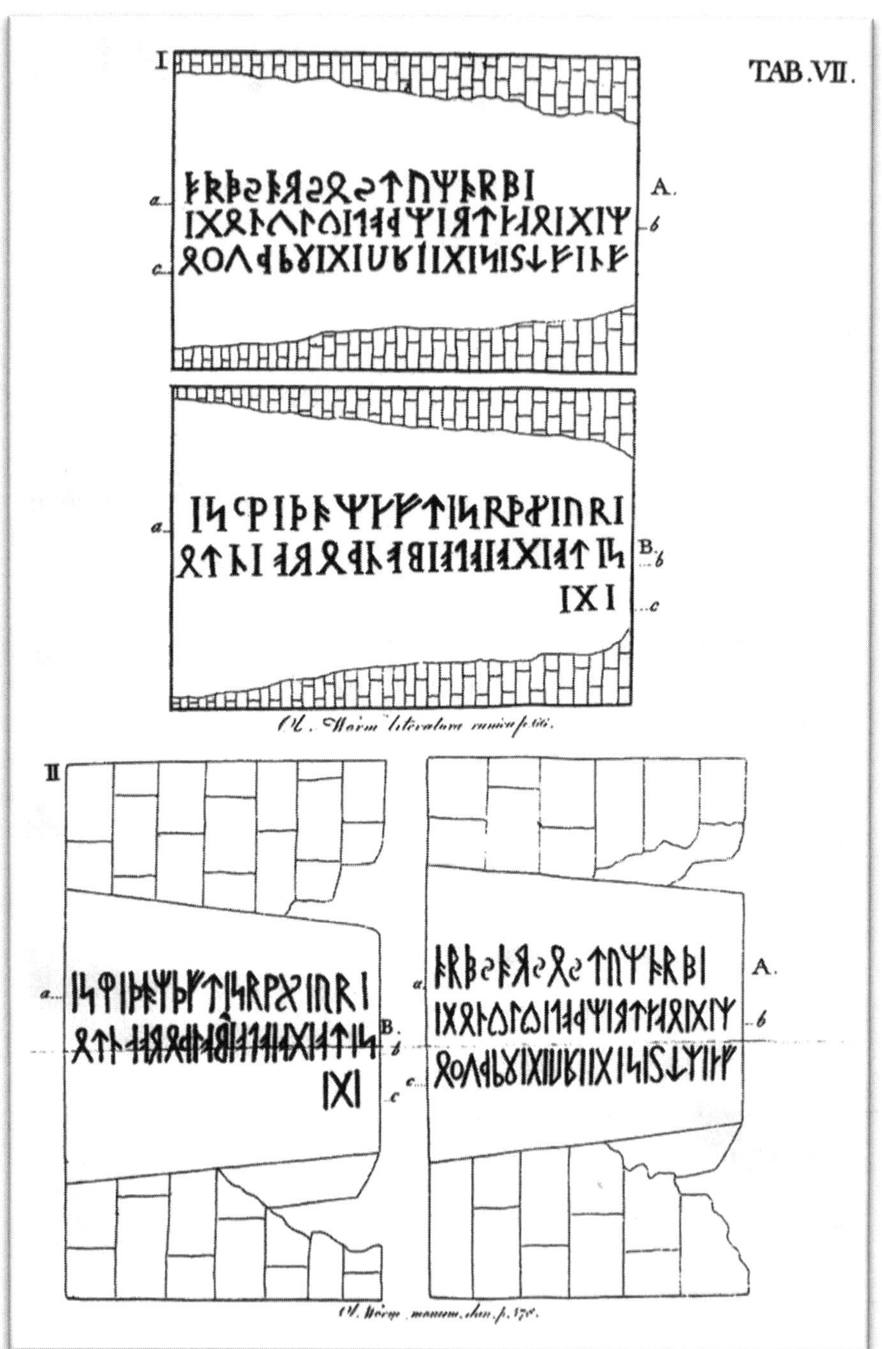
TAB. VII.
I
A.
a
b
c
B.
a
b
c
Ol. Worm literatura runica p. 161.
II
B.
a
b
c
A.
a
b
c
Ol. Worm monum. dan. p. 178.

TAB. VIII.

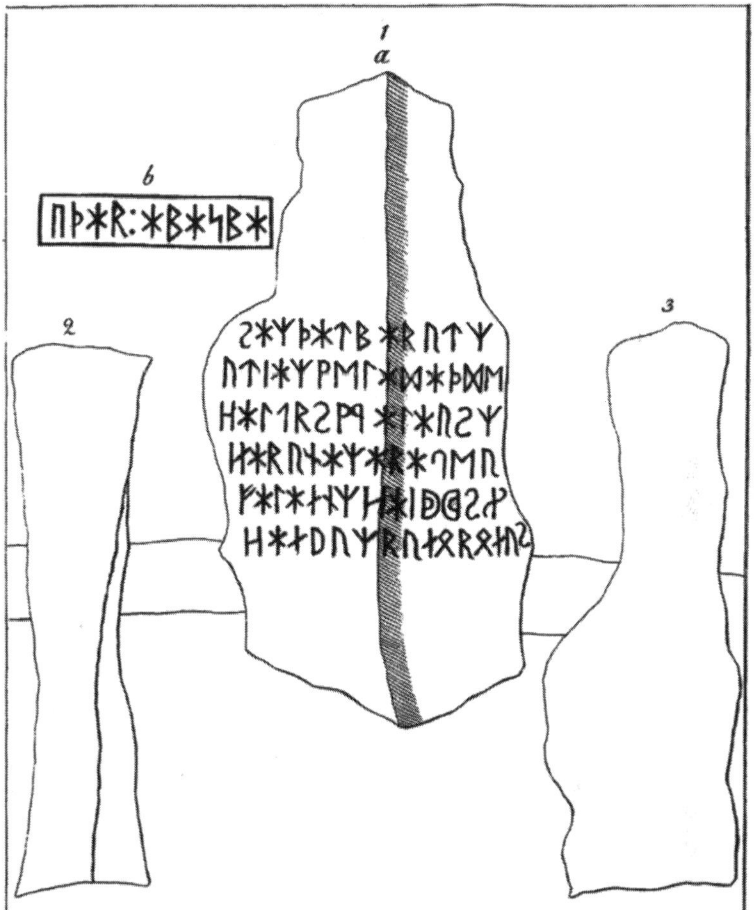

1

a

b

2

3

Ol. Worm monum. dan. p. 215. lit. run. p. 65.

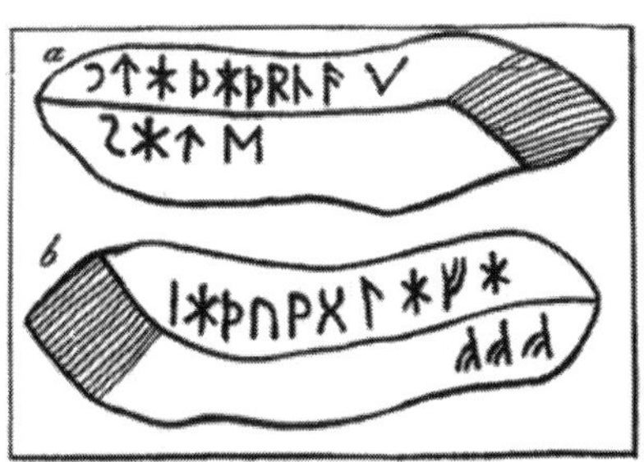

Ol. Worm monum. dan. p. 219. lit. run. p. 63.

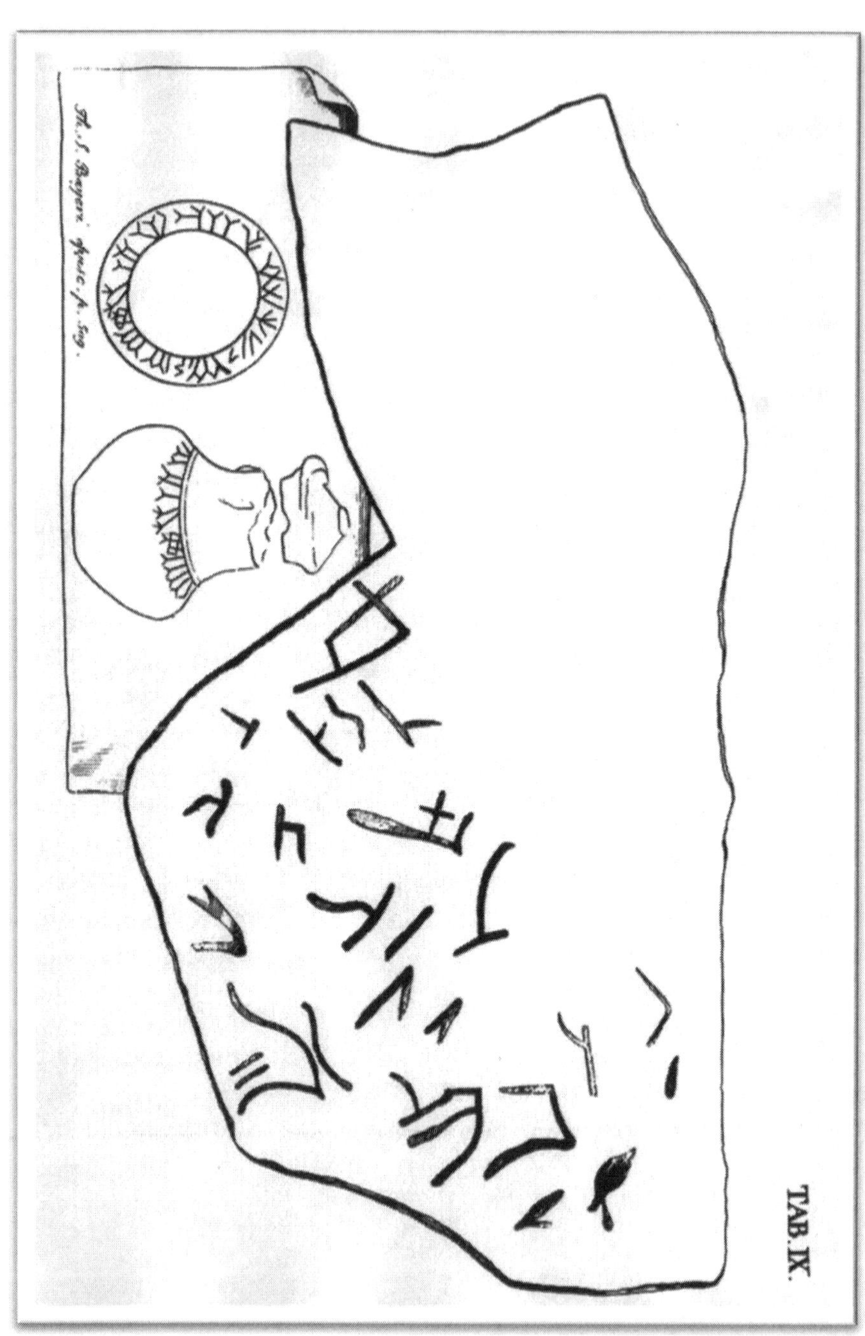
TAB. IX.

TAB.X

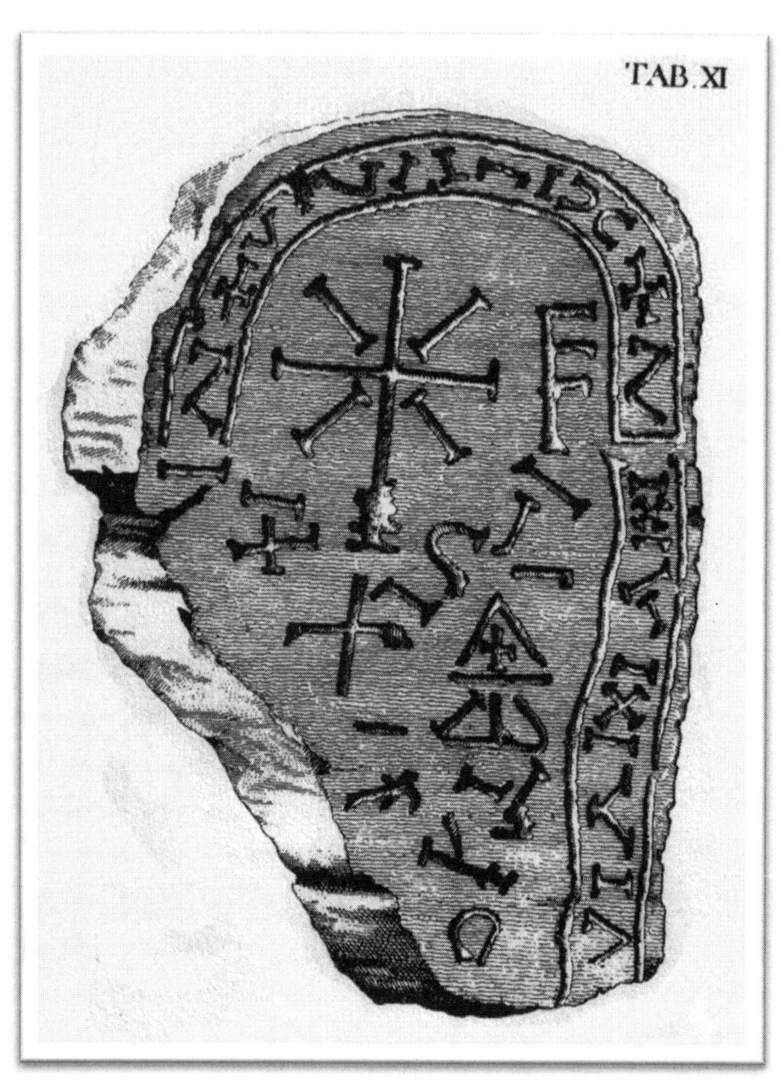
TAB. XI

Vergrößerungen einzelner Tabellenteile

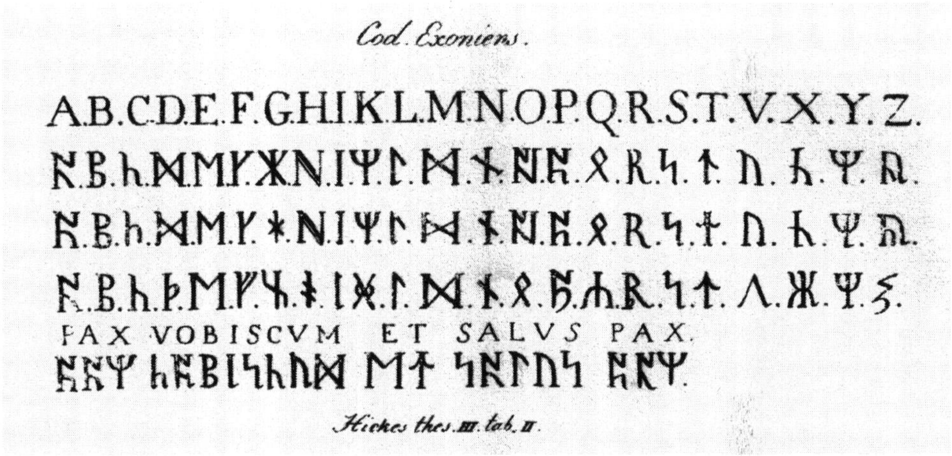

Cod. Exoniens.

A.B.C.D.E.F.G.H.I.K.L.M.N.O.P.Q.R.S.T.V.X.Y.Z.

PAX VOBISCVM ET SALVS PAX.

Hickes thes. III. tab. II

Vergrößerung
von Tabelle I.
(Seite 111)

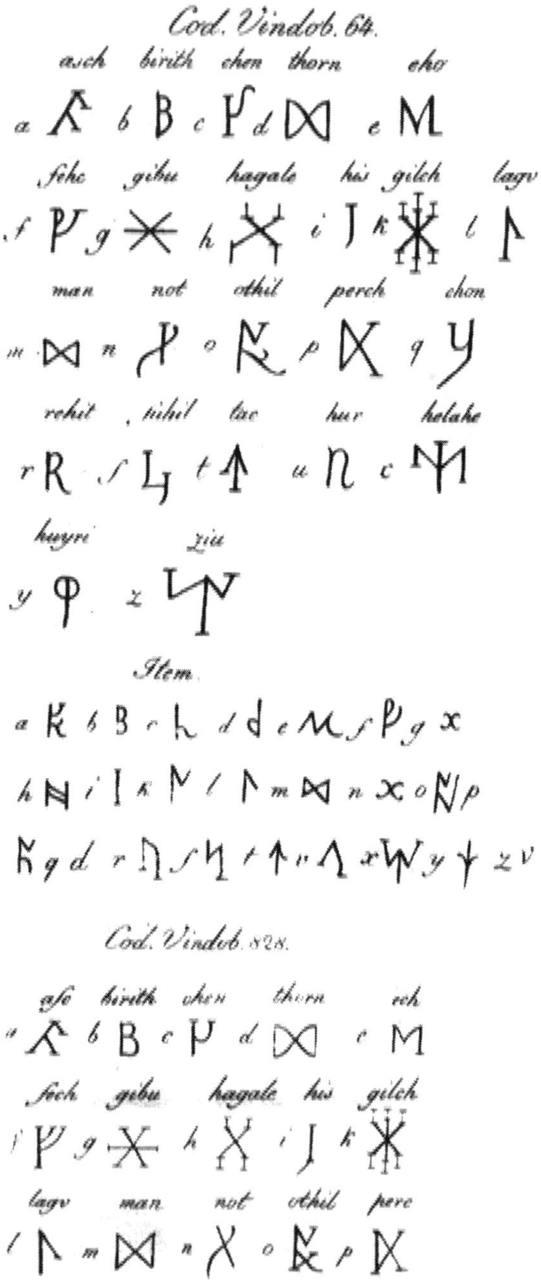

Vergrößerung
von Tabelle I.
(Seite 111)

Cod. Vindob. 64.

asch birith chen thorn eho

a b c d e

fehe gibu hagale his gilch lagv

f g h i k l

man not othil perch chon

m n o p q

rehit tihil tac hur helahe

r s t u c

huyri ziu

y z

Item

a b c d e f g x

h i k l m n o p

q d r s t v x y z v

Cod. Vindob. 828.

afc birith chen thorn ech

a b c d e

fech gibu hagale his gilch

f g h i k

lagv man not othil perc

l m n o p

Hrubanus apud Goldast. TAB. I.

asc birith chen thorn ech

a b c d e

fech gibu hagale his gile lagu

f g h i k l

man not othil pere chon

m n o p q

rehit fugil tac hur halach

r s t u x

huyri ziu

y z

Lazius.

a asc, b byrith, c chen, d thorn, e ech

f fech, g gibu, h hagale, i his, k chilch

l lagu, m man, n not, o othil, p pere

Trithemius.

a g n t

b h o v

c i p x

d k q y

e l r z

f m s w

TAB. II.

Codex sangallens. 270. p. 52.

I.

fek — f. | uur — u. | dorn — d. | oos — oo. | rat — r. | cen — c. | gebo — g. | huun — uu. | hagel — h. | nod — n.

iis — i. | ger — g. | ih — k.*) | perd — p. | elux — x. | sigi — s. | ti — t. | borg — b. | eh — e | man — m.

lago — l. | ine.**) — n. | tag — t | odil — o. | ac — a. | asc — aa. | yur — q.***) | aer — z.

*) sic, leg. i. **) sic, leg. inc. ***) sic, leg. y.

II.

a a b c d d*) e f g g g h i k**) l

m n o o p p***) q r s s t t u x z

*) sic, leg. uu. **) sic, leg. c. ***) sic, leg. y.

Vergrößerung
von Tabelle II.
(Seite 112)

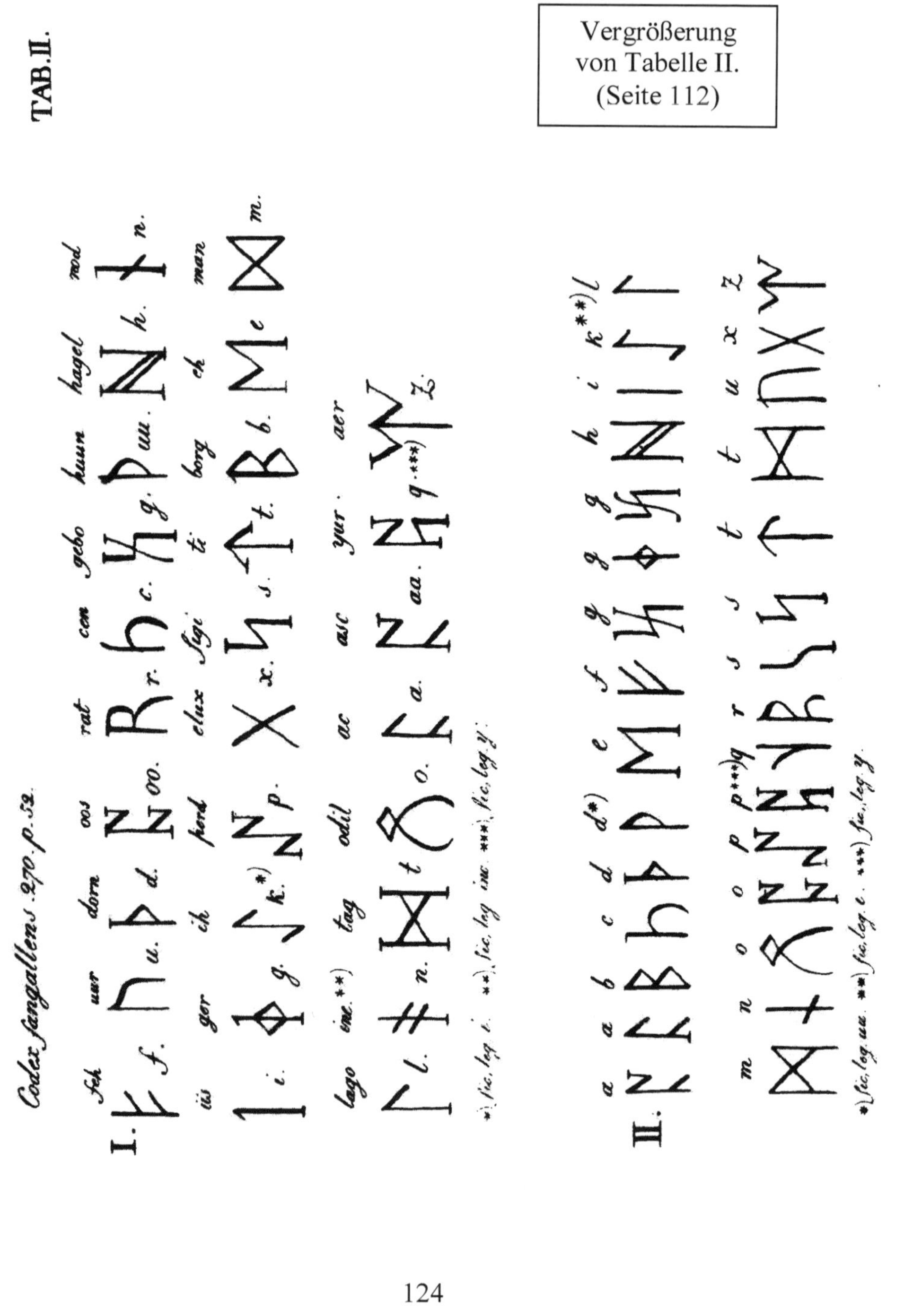

Codex sangallens. 878. p. 321.

ANGULISCUM

ABECIDARIUM NORD

feu forman PRTC | Bur after | thuris thriu stabu | os is imo oboro | Rat endost uuritan

hagal, naut habet, is, ar, sol

Hagal | haboe | Rhe: sendi | lagu the leohto | yr al bihabet

Codex Isidori Parisiens. p. 4.

fech	ur	than	of	r d	ken	gauo	uung
f	u	th	o	r	c	gi	uu

agall	n t	is	iar	inc	per	ilix	sigil
h	n	i	ger	ih	p	il	s

ti	berc	het	man	lag	inc	dag	odil
t	b	e	m	l		d	oe

a · ea · k

Runen

	nordische	angelsächsische	bei Hrabanus … I.
Â	ᛆᛅ ár, annus, annona	ᚨ âc, quercus.	ᚨ* (asch, fraxinus.)
B.	ᛒ biörk, betula.	ᛒ beorc, betula.	ᛒ birith, betula.
C.		ᚻ cên.	ᚴ chên.
D.TH	ᚦ thurs, gigas.	ᚦ thorn, spina.	ᛞ thorn, spina.
E.	ᛁ	ᛖ eh.	ᛖ ᛗ ech, ehu, equus.
F.	ᚠ fé, pecunia.	ᚠ feoh, pecunia.	ᚹ ᚡ fech, pecunia.
G.	ᚴ	ᚷ gyfu, donum.	gibu, donum.
H.	ᚼ hagl, grando.	ᚺ ᚻ hägl, grando.	hagale, grando.
Î.	ᛁ ís, glacies.	ᛁ îs, glacies.	ᛃ his, glacies.
K.	ᚴ Kön, ulcus.	ᛣ calc?	gilch, chilch?
L.	ᛚ lögr, aequor.	ᛚ lagu, aequor.	ᛚ lagu, aequor.
M.	ᛘ madr, vir.	ᛗ man, vir.	ᛗ man, vir.
N.	ᚾ naud, necessitas.	ᚾ nead, necessitas.	ᚾ nôt, necessitas.
Ô.	ᚬ ós, ostium.	ᚩ ôs.	** (ôthil, patria.)
P.	ᛔ	ᛈ peord, anteambulo?	ᛈ perch, mons?
Q.		ᛢ cweorn, mola.	chôn.
R.	ᚱ reid, equitatio.	ᚱ râd, equitatio.	ᚱ rehit, equitatio.
S.	ᛋ sól, sol.	ᛋ sigel, sol?	ᛋ sugil, sol?
T.	ᛏ týr, Tyr. (Deus)	ᛏ tîr, dominus.	ᛏ *** (tac, dies.)
Û.	ᚢ úr, bos.	ᚢ ûr, bos.	ᚢ hur, bos.
V.W.	ᚡ	ᚹ wên, spes.	
X.		ᛉ iolx, carex.	helahe?
Ŷ.	ᛦ ýr, arcus.	ᚣ ŷr.	huyri.
Z.			ziu.
	a	ᚪ äsc, fraxinus.	*( )
	o (œ)	ᛟ ödel, patria.	**( )
	ing	ᛝ inc.	
	j	ᛄ gêr, annus.	
	i	ᛇ eoh?	
	d	ᛞ däg, dies.	***( )
	ea	ᛠ ear?	
	g	ᚸ gâr, jaculum.	
	ss st?	ᛥ stân, lapis.	

TAB. IV.

Gothisches Alphabet

deutsche Maurus. II.	Im St. Galler Codex. No. 270.	des Ulfilas.	in den neapol. Urk.
	âc.		
	borg.		
	cên.		
	dorn.	th	th
	eh.		
	feh.		
	gebo.		
	hagel.		
	üs.		
?			
	lago.		
	man.		
	nôd.		
	oos.		
	perd.		
?	rât.		
	sigi(l).		
	tî.		
	uur.		
	huun.	(hw)	
?	elux.		
	yur.		
?			
	asc.		
	ôdil, patria.		
	inc.		
	gêr, annus.		
	ih, quercus?		
	tag, dies.		
	aer?		

Vergrößerung von Tabelle IV. (Seite 114)

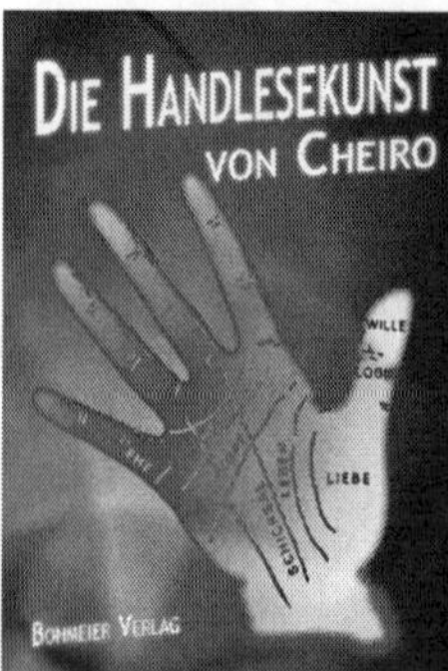

Fachbücher für Magie und alternative Weltsichten

Bohmeier Verlag ... damit Sie erleben, worüber Sie sonst nur lesen!

Kataloge und Infos im Internet ...

www.magick-pur.de

oder einfach per E-Mail: info@magick-pur.de

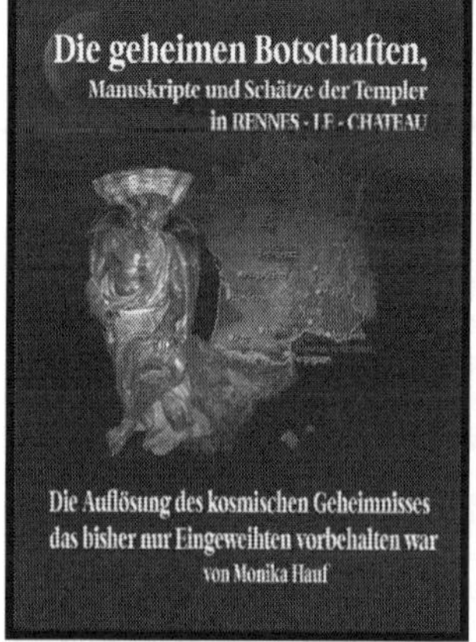